JN410148

은빛 여인의 향기

김성희 수필집

은빛 여인의 향기

김성희 수필집

밀레

국립중앙도서관 출판예정도서목록(CIP)

은빛 여인의 향기 : 김성희 수필집 / 지은이: 김성희. -- 서울 : 밀레, 2016
p. ; cm

ISBN 978-89-97815-13-5 03810 : ₩12000

한국 현대 수필[韓國現代隨筆]

814.7-KDC6
895.745-DDC23 CIP2016023779

서문

늦은 나이에 생각지도 못했던 책을 내놓게 되니 부끄러움 속에서도 만감이 교차합니다.

세상에 처음으로 얼굴을 드러낸 기분이라고 할까요?

그 내놓는 아이가 미숙아는 아닌지 두렵고 송구스러우며 부끄러운 마음 가득합니다.

한편 두근거림과 설레임이 일어나기도 합니다.

땅속 굼벵이로 살아오던 제가 이렇게 세상에 얼굴을 들어내고 책을 내놓기까지는 시인이신 김상미 선생님의 노고가 크셨습니다.

겨우 일기나 조금 끄적거렸을 뿐이었으니까요.

감히 수필이라곤 낫 놓고 "ㄱ"자도 모르던 제게 새 생명을 불어넣어 주셨습니다.

2년 전 친구의 권유로 시인이신 정찬우 박사님을 뵙게 되면서부터 차츰 글의 군더더기를 줄이고 글이 다듬어지기 시작하여 아직 많이 부족하지만, 한층 형식을 갖출 수 있는 글로 자리바꿈을 하게 된 것 같습니다.

또한 책이 나오기까지 애써주시고, 아름다운 시로 우리들에게 감동을 주시는 이지영 선생님께도 심심한 감사의 말씀을 드리며, 부족한 저의 책을 읽어 주시는 모든 분들께 감사를 드리며 저의 조그만 경험들이 다소나마 도움이 되었으면 하는 마음으로 감히 글을 올립니다.

감사합니다.

2016년 10월

김 성 희

목차

≫ 2부 ≪

≫ 3부 ≪

≫ 4부 ≪

1부

호칭과 존칭이야기

우리 아들들이 결혼할 아가씨를 집에 데려올 때마다 그 아가씨들은 아들을 올려다보며 다정하게 오빠라고 부른다.

여자 동생이 없어 집에서는 생전 못 들어보았던 오빠라는 호칭을 들으며 아들은 행복해 하는 모습이었고, 아가씨들은 귀여운 종달새 같은 입으로 연신 오빠라고 부르며 수줍게 웃었다.

나는 그 모습이 또한 너무 예쁘고 사랑스러워 웃었다.

아이들이 결혼하고 신혼생활 내내 오누이처럼 다정한 모습으로 오빠라고 부르고, 혹은 이름을 부르며 그렇게 행복한 모습을 보이더니 이젠 세월이 흘러 어느덧 자연스럽게 여보, 당신이라고 부르는 것을 보게 된다.

많은 어른들은 망측스럽게 오빠가 무어냐고 말하기도 하지만, 그것은 단순한 호칭일 뿐 실제로 혈육을 나눈 사이도 아닌, 다만 신혼 한때의 호칭일 뿐이기 때문에 신혼시절의 그 달콤한 기분을 눈 감아 주고 싶다.

학교 선배들한테 부르던 호칭의 연장선이라고 생각한다면 더욱 이해하지 못할 것도 없을 것 같기 때문이다.

아이들한테 억지로 호칭을 강요하지 않았던 것이, 시부모와 감정 상할 것도 없을뿐더러 일생의 한 번 뿐인 신혼의 달콤한 꿈을 오래도록 유지할 수 있다면 얼마나 행복하고 아름다운 일인가.

며느리가 시집와서 자식 낳고 잘 살고 있으니 대견하기도 하고 예쁘기도 하지만, 그 중에서도 가장 예쁘게 느껴질 때가 남편에게 높임말의 존칭을 쓸 때이다.

아마도 우리 부부의 서로에 대한 경어 사용도 자식들에게 좋은 본보기가 되었으리라 생각된다.

때로 요즘 젊은 부부들이 하는 서로의 호칭을 들을 때면, 너무 당황해질 때가 있다. 그것은 부부간의 신뢰감이나 존경이 없는 너무나 막말에 가까운 말들을 하는 것을 볼 때면, 그 자신들은 친근함의 표시라고 말할지는 모르지만, 앞으로 자식들이 태어나 그 막말하는 부모에 대한 존경이나 존엄성이 무너진 그 모습들을 보고 자란다면, 자식들이 혹 커가는 과정에서 올바른 길을 가지 못하고 자칫 옆길로 빠지려고 할 때, 그 자식을 바르게 잡아 주어야 할 부모의 충고가 자식에게 그리 큰 성과가 있을 것 같지 않다는 것이 나 혼자만의 생각이었으면 좋겠다.

지금 손자들과 손녀가 예쁜 모습으로 커 가고 있지만, 그 아기들에게도 나는 반말이 아닌 존칭을 곧잘 쓰고 있다. 그 커가는 모습들이 예쁘고 사랑스럽기도 하지만, 스스로의 존엄성을 가지고 살아가게 해주고 싶어서이다.

작은아들의 손주가 어린이집에 다닐 때였다.

"태영 씨" 할머니가 뭐라고 부를 때가 제일 좋아요?

손주는 부끄러운 듯, 자신을 돌봐주시는 이모할머니라고 부르는 분의 치마꼬리를 붙잡고 뒤로 돌아가며, 조그만 목소리로 수줍게 "도련님"이요 한다.

왕자님보다도 도련님이 더 좋았던 모양이다. 아직 나이어린 아기임에도 벌써 그 말이 자기를 사랑해서 부르는 말인 줄을 아는가보다. 가까운 사이일수록 예절을 지키라는 말도 있지 않은가.

나이를 먹었음에도 아직 철이 안 들어 있는 나와는 반대로, 일찍 철이 들어 제법 품격을 갖춘 친구 중에는 남편에 대한 호칭으로 영감이라는 말을 쓰기도 하고, 때로는 아이들의 할아버지라고 해서 아예 남편을 할아버지라고 부르는 친구도 있다.

영감이란 말은 엄격히 말하면 사회에서 성공한 분들에게 하는 존칭으로 쓰기도 하지만, 젊어 보이지 않은 그 호칭이 나이든 사람을 더 늙어 보이게 하는 것 같이 느껴져 내 남편에게는 쓰기가 싫어서 쓰지 않는다.

사람은 감정의 동물이기 때문에 이왕이면 용기가 되고 힘이 될 수 있는 좋은 말을 골라 하고 싶다. 하루의 출발을 하는 남편에게도 가능하다면 꿈과 용기를 가지고 기분 좋게 하루를 시작할 수 있는 말을 하고 싶다는 것이 나의 작은 바람이이기도 하기 때문이다.

오늘도 출근하는 남편을 배웅하며 "안녕히 다녀오세요" 코믹한 배꼽인사로 하루를 시작한다.

시어머님

크게 예쁘시지는 않지만, 말없고 속 깊으신 어머님은 젊으신 한때 한량이신 아버님이 젊은 여자를 데리고 집에 오면 뒷문으로 피하셨다는 말씀을 들었다. 62세 한창인 연세에 일찍 세상을 떠나신 우리어머님! 서울로 모셔 온지 3년도 못되어 이 세상을 떠나셨다.

시골에서 병약한 몸으로 농사를 지으시며 사시다 서울 생활을 하시게 되니, 어머님은 만면에 웃음을 지으시며 "얘, 난 꼭 천당 온 것 같다" 하시며 그렇게도 좋아하셨는데 어찌 그리도 일찍 돌아가셨는지 자식인 우리가 잘못 모신 것 같아, 항상 마음이 부끄럽고 죄송함을 금할 수가 없었다.

어머님은 몸이 쇠약하여 몇 번이나 위험한 고비를 넘기시기도 했다. 두고두고 자식으로서 후회되는 것은 어머님의 회갑을 제대로 해드리지 못했기에 마음이 아픈 것이다. 아가씨들이 말하기를 자신이 다니는 사주보는 집에서 어머님의 회갑 날에는 굴뚝에 연기도 내면 안 된다고 했다는 것이다.

도련님들은 아직 미혼이었기에 바로 밑의 두 아가씨들과 의견을 모아 그 말대로 하기로 의논을 모았다. 마음속으로 생각하기를 비록 회갑은 못한다하더라도, 생신은 내년도 있고 후년도 있으니까 너무 서운하게 생각하지 말자고 애써 마음 달래며, 그렇게 초라한 상을 차려드렸다.

요즘이었다면 밖에서 외식이라도 해드릴 수 있었으련만, 그때는 아직 내가 어려서 생각을 못했던 것일까, 두고두고 후회가 되는 부분이기도 하다. 그때만 해도 외식문화가 지금처럼 발달하지 않았던 때였기에 생활이 여유롭지 못하긴 했지만, 지나고 보니 이만저만 후회가 되는 것이 아니었다.

미처 생각지 못했었기에 가슴속엔 항상 어머님에 대한 미안함이 응어리로 남아 있었다.

지난번 아머님 제사 때, 마음에 항상 응어리로 남아있던 어머님 회갑이야기를 꺼내놓게 되었다. "아가씨, 어머님이 그렇게 일찍 돌아가실 줄 알았더라면, 차라리 회갑을 제대로 해 드렸으면 좋았을 걸 하고 두고두고 후회가 되곤 하네요" 아가씨들은 미리준비나 했던 것처럼 동시에 똑같은 말들을 쏟아놓고 있는 것이었다.

언니는 왜 그런 말을 하세요? 어머니가 복이 없어 돌아가신 것이지, 만약 회갑을 해드렸다면 아마 그래서 돌아가셨다고 생각했을 거예요!

어머니가 복이 없어서 돌아가신 것이니 언니는 그런 생각 하지도 마세요. 그 말에 나는 눈물이 핑 돌 만큼 고맙고 또 고마웠다. 그 말 한마디에 오랫동안 말 못하고 가슴에 쌓여 있던 어머님에 대한 죄송함이 다소나마 사라지고 마음이 가벼워지는 기분이었다.

아가씨들에게 어머님은 항상 마음 아프고 마음속에 그리움으로 쌓여 있는 분일 텐데, 어떻게 올케 앞에서 어머니가 복이 없다는 마음 아픈 이야기를 할 수 있었을까!

품성이 무던하고 좋은 아가씨들!

지금도 생각나는 것은 어머님 돌아가셨을 때, 문상객들이 우리를 위로 하느라고 저마다 한마디씩 어머님이 복이 없어 돌아가셨다고 할 때, 너무도 가슴 아프고 어머님께 죄송했다. 돌아가신 어머님 입장에서야 일찍 돌아가신 것도 억울한 일인데, 사람들한테 복이 없어 갔다는 말까지 들어야 했으니, 억울함을 넘어 얼마나 한이 맺힌 말인가!

설령 그 말이 사실이라 해도 얼마나 돌아가신 분을 욕되게 하는 말인지, 그런 말들을 들을 때 마다 무척 속상하고 죄송함은 물론 어머님을 일찍 돌아가시게 했다는 죄책감에 한없이 부끄러워졌다. 상복을 입고 차마 고개를 들 수가 없어 어깨를 움츠린 채, 발 뿌리만 내려다보고 어느 누구도 마주쳐다 볼 수가 없었던 그 부끄럽고 죄송했던 마음!

부모가 돌아가시면 상주는 죄인이란 옛날 어른들의 말이 생각났다. 예전에는 그 말의 의미를 몰랐었는데, 그 말을 그렇게 가슴 깊이 통감하게 될 줄은 아마도 우리가 큰자식이기에 부모님에 대한 소임을 다하지 못했다는 부끄러운 마음에 더 컸을 것이다.

그리고 어머님이 돌아가시고 얼마 안 있어 그렇게나 보고 싶어 소원하셨던, 둘째 며느리가 생기고 바로 셋째 며느리까지 맞아드리게 되었으니 참으로 안타까운 일이었다. 우리 집 며느리들은 모두가 큰며느리인 나와 얼굴이 닮아서 마치도 친 자매 같은 친근한 모습들이다. 어머님이 살아서 보셨다면 얼마나 좋아하셨을까 하는 아쉬운 마음이 드는 것은 그리움 때문일 것이다.

어머님, 사랑하는 어머님! 세상에서의 누릴 수 있는 시간은 비록 짧으셨지만, 저 세상에서의 천당은 영원하실 것입니다.

이 세상에서 못다 하신 모든 것 누리시며 영원히 행복하시기를 간절히, 간절히 두 손 모아 빌고 또 빕니다.

어머님! 꿈에서라도 한번 뵙고 싶습니다.

특별한 고부사이

재미있는 우리 집 고부이야기를 좀 해 보고 싶다.

작은 며느리는 결혼해서 따로 살고 있지만, 큰며느리는 처음 7년을 따로 살았지만 역삼동에서 이곳 서대문으로 이사 오면서부터 함께 살게 되었다.

역삼동 빌라 집을 주민들이 모두 아파트를 원했기 때문에 탄탄한 말짱한 집을 헐어내고 아파트로 재건축하게 되었던 것이다. 같은 동네에 살던 큰며느리는 전세 들어있는 있는 집이 집담보 대출이 너무 많이 받은 관계로 위험을 느끼던 때였기에 마침 전세금을 뽑을 수 있어서 이곳 서대문에 언니가 분양받아 놓은 빈 아파트가 있어서 임시로 급히 이사와 함께 살게 되었던 것이다.

역삼동 아파트가 완공 될 때까지 잠시 살자던 것이 아이들이 근처에 있는 사립초등학교에 들어가게 되니, 먼 거리까지 통학시키기도 어려운 일이라서 역삼동 집을 세를 놓고, 이곳에서 함께 동거하는 세월이 길어졌던 것이다.

나는 알뜰하고 검소하게는 살아왔다지만 날라리에 가까운 시어미였고, 매사에 허술하고 옹골차지 못한 시어미에 비해서 며느리는 나의 단점을 모두 장점으로 가지고 있는 침착하고 야무진 똑소리나는 성격이었다.

그러한 고부가 만나 서로 옷이나 구두를 공유하고 있으니 얼마나 진귀한 풍경인가!

나보다 키 크고 날씬한 며느리는 옷을 넉넉하게 입고, 며느리보다 통통한 편인 나는 옛날부터 타이트하게 옷을 입었으니 얼마나 환상적인 궁합인가!

나는 항상 좋은 옷이라고 해봐야 중저가의 비싸지 않은 옷을 입었지만, 옷을 공유하게 된 것은 내가 옷을 주책없이 젊게 입기도 했지만, 때로 내가 좋아하는 옷이 며느리가 좋아하는 옷이기도 했기 때문이다.

나는 옷만 중저가로 입는 것이 아니라 나의 키 또한 중저가에 속하기 때문에 키에 맞춰 구두는 항상 하이힐을 신었고 나보다 키가 되는 며느리는 거의 미들 굽을 신는 일이 많아 구두만큼은 며느리 구두를 잘 안 신었다.

때로 며느리가 성장하고 나갈 때는 나의 하이힐을 신는 것을 보면, 그 모습이 너무도 예쁘고 내 마음이 흐뭇하다. 아마 이 세상에 어느 누구도 우리 같은 고부지간은 쉽지 않을 것 같다.

요즘 시집이라면 시 자도 싫어서 시자가 들어가는 시금치도 안 먹는 세상이라고 하니 더욱 그렇다. 그렇게 보면 우리는 얼마나 행복한 고부지간인가!

설사 내가 잘 해준다하더라도 며느리가 착하지 않으면 있을 수 없는 일이다. 따로 살게 해 주면 좋으련만, 남편은 늘 손주들과 함께 사는 것을 좋아하고 나 또한 이렇게 즐기며 살고 있으면서도 마음 한 구석으로는 항상 미안한 생각이 들기도 한다.

아무리 시집살이 안 시킨다 해도 같이 사는 것 자체가 시집살이가 될 것이기 때문이다.

그런데 금년 초부터 며느리가 남편 회사에 다니게 되면서부터 전적으로 회사에 묶인 몸이다 보니, 시어미인 내가 있어야 살림과 아이들을 보살필 수 있어서 아직도 어린 손녀가 더 크기 전까지는 우리의 동거생활은 쉽게 끝낼 수가 없을 것 같다. 혹 큰아들 부부와의 동거가 끝난다 해도 우리 두 부부만의 생활은 쉽지가 않을 것 같다.

왜냐하면 요즈음 들어 부쩍 작은 아들네의 어린 손주가 우리 집에 올 때마다 왜 할아버지 할머니는 큰아버지 하고만 사느냐고 말하기 때문이다. 같이 사는 큰아버지 네가 부럽기보다는 자기네만 따로 산다는 것이 요새말로 왕따 같은 기분이 드는 것은 아닐까 하는 생각이 든다.

그러더니 나중에는 자기네도 와서 같이 살면 안 되느냐고 말하기에 그렇게 하려면 집이 더 커야지만 된다고 해서 보냈는데, 다음번에 와서는 또 무엇을 요구할지 모르겠다. 같이 살게 되면 자기 엄마가 시집살이 때문에 얼마나 힘들게 되는지, 아직 손주는 어려서 모르는가 보다.

내가 모임에서 놀러 가기로 했던 지난 봄!

내가 입으려고 했던 옷이 썩 마땅한 것이 없었다. 그래도 그냥 입으려 했는데 며느리가 보더니 자기의 장롱 문을 활짝 열어 놓더니 골라서 입으라는 것이다. 그러더니 하나 골라 입혀주는 대로 입고 야외로 놀러 갔었는데, 그 곳에서 회원 중 한

명이 바위에 앉아 있는 나를 뒤에서 보고는 젊게 보여서 누구인지 몰랐다고 한다.

나는 속으로 웃으며, 그냥 젊어 보인다고 해도 좋았을 것을 그렇게 말 한다고 해서 세금을 더 내는 것도 아니련만, 그렇게 생각하며 혼자 웃었다.

나는 오늘도 말로 주책부리고 옷으로 주책부리며 이런 나의 부족함을 다 채워주는 며느리가 고맙다. 언젠가는 따로 살게 되겠지만, 글쎄 벌써부터 우리 작은아들 며느리 식구들이 번호표를 뽑아놓고 같이 살기를 기다리고 있으니, 기쁜 비명에 인기 관리하기도 바쁘다.

하지만 그때쯤이면 우리 두 부부를 서로 싫다고 왕따 당할지 모를 일이다.

남편에게 세배하는 아내

결혼하고 얼마의 세월이 흐른 뒤 친정어머니와 언니들을 따라서 절에 다니던 시절의 어느 날이었다. 어느 젊은 보살님(절에서는 여신도를 보살이라 부른다)이 절에 와서 정진 큰스님께 눈물로 하소연하기를 남편이 속을 썩여 한번 집을 나가면 일주일도 좋고 열흘 까지도 집에 안 들어오니 도저히 살 수가 없는데 어쩌면 좋겠느냐고 울면서 하소연을 했다한다.

조용히 듣고 계시던 스님이 잠시 후 말씀하시기를 남편이 집을 나갔다가 며칠 만에 들어오더라도 얼굴 찡그리거나 화내지 말고 평온한 얼굴로 아무 말 없이 3배(세 번)의 절을 남편에게 하라고 말씀하셨단다.

원래 불가에서는 모든 사람을 부처님 대하듯 하라는 말이 있다. 스님말씀은 남편에 대한 모든 미움을 내려놓고, 부처님 대하듯 하라고 말씀하셨던 것 같다. 그래서 처음 남편이 집에 돌아 왔을 때 스님이 시키시는 대로 3배의 절을 정중하고 조용히 했다는 것이다.

처음 남편은 당황해서 어찌 할 바를 모르고 안절부절 하며 드디어 이 여자가 어떻게 된 것이 아닌가 생각 했겠지만 보살이 평온한 얼굴로 아무 일 없는 듯 가정생활을 차분히 하고 있으니 무엇이라 말할 수가 없었던 것이다.

그 날부터 매일 남편에게 3배씩 절을 하였다는 것이다. 그렇게 하여 차츰 남편의 외박이 7일에서 5일로 다시 5일에서 3일로 차츰 바뀌더니, 그 후 얼마 뒤부터는 180도로 변한 성실한 남편이 되어 아내를 위하는 남편으로 바뀌게 되고 서로 위하면서 행복하게 살고 있다는 말을 그 보살님으로부터 들으며 크게 감동을 받았다.

그래서 성실한 우리 남편이었지만 나도 해 보고 싶다는 생각을 했다. 비록 늘 하지는 못 하지만 1년에 한번 한 해가 시작되는 첫 날에 남편에게 삼배의 절을 하리라 마음먹었고 그것은 새해 첫날부터 시작되었다.

첫 번째 절은 남편의 건강을 기원 하는 절이고, 두 번째 절은 남편의 사회에서의 원만함을 기원함이며, 세 번째 절은 가정의 평화를 기원 하는 마음으로 올리는 절이었다.

물론 우리 남편도 처음엔 어색하고 어쩔 줄 몰라 했지만, 이제는 세월이 반복됨에 따라 차츰 익숙해지고 보니 진작 세배돈이라도 준다고 했을 때 받아 두었다면 좋았을 걸, 은근히 아쉬운 생각마저 들 때도 있다.

아이들이 결혼을 하고 손주들이 성장 하면서도 나의 연례행사는 아무도 모르게 계속되고 있었지만 부부간의 마음 언짢은 일이라도 생기면 그때는 모른 척 지나쳐 버리기도 했다.

그런데 이 글을 쓰면서 불현 듯 한 생각이 떠올랐다. 이것은 나 혼자만이 할 일이 아니다. 그동안은 며느리에게 부담 줄 것을 우려해서 비밀로 해왔지만, 부부가 새해 첫날 어느 한쪽만의 일방적이 아닌 서로에게 기원 해주며 맞절을 한다면, 그것은 어느 한쪽의 자존심의 문제가 될 수 없으니 얼마나 바람직한 일이 될 것인가!

그렇게 부부간의 맞절은 화목하고 돈독한 부부애와 신뢰가 쌓일 것이며 더 나아가서 훌륭한 가풍으로까지 이어질 수 있을 것이라 생각해 본다.

이제 아들 며느리들이 함께 하는 날, 나의 이런 이야기를 하고 싶다. 그 애들이 동의한다면 2016년의 첫날은 나 혼자만의 은밀했던 일이 아닌 아들 며느리도 함께하고 손주손녀도 함께 한 자리에서 얼마나 아름답고 행복한 한 해의 서막이고 대향연인가.

만일 딸이 있다면 딸과 사위와도 함께한 그 아름다운 하모니의 음악 속에 행복이 흘러 넘쳐날 것을 믿어 의심치 않는다.

지금 설레는 마음으로 2016년을 기다린다.

이제 2016년은 나이 먹는 아쉬움이 아닌 또 다른 의미의 행복한 기다림으로 기다려진다.

향일암의 야경

깎아지른 절벽 위
하늘 높이 뻗어 올라간 노송
기개를 자랑하는 늠늠한 자태이어라

흘러가는 한 조각구름
노송가지 위에 걸쳐져 있어
조각달과 어울려 벗을 삼는다

하늘과 바다
그리고
노송 가지에 걸쳐진 그림 같은 조각달과 구름
신선들이 노니는 한 폭의 그림이었다네!

바다 위
보석 같은 별무리
가득 떠 있는 별
그것은 고깃배의 불빛이었다네,

밤새워 불 밝히는 어부님들
어~화 둥둥
만선의 아침 기쁨을 노래하고
어촌 아낙과 아이들은 평화를 노래하네

종2품 할아버님

할아버님의 함자는 김택(澤) 자는 도원이시고 법호는 동허셨다. 할아버님이 16세에 과거에 급제하셨을 때, 아직 결혼은 안하신 정혼상태셨지만 첫 부임지로 강릉군수의 첩지를 받아 내려가시게 되니 미혼임에도 머리를 올려 상투를 트셨다고 하신다.

아직 혼인 전이셨지만 할머님께도 대궐로부터도 고을 군수 부인에게 내리는 첩지가 내려지셨다고 했다. 나라의 명을 받고 부임 하시는 날은 사인교를 타시고 가시는 것이 통례였지만, 할아버님은 하루 전에 괴나리봇짐을 지고 하인들이 한참 청소하느라 여념이 없는 상태에서 도착하시니 온통 주변 사람들을 놀라게 하고 당황하게 했음은 물론이었다.

꽃 같은 연세에 고을 원의 부인이 되신 할머님은 모두 연세가 들어 머리가 흰 분들의 인사를 받게 되었기 때문에 새색시 때부터도 노랗거나 붉은 예쁜 빛깔의 옷은 평생 못 입어 보셨다고 하신다.

그렇게 벼슬을 하시던 중 고종임금님의 한일합방 되던 해 였다고 한다. 입궐하라는 부름을 받으시고 나란히 입궐하시던 중 나란히 가던 옆의 동료분이 들고 일어난 군중들에 의해서 목이 잘리는 일을 당했다고 한다.

그 잘린 목을 전달하기 위해 그 집을 찾았을 때, 그 분의 어머님이 나와서 아무 말 없이 아들의 잘린 목을 치마폭에 싸안고 들어가며 “대갓집 에서는 이런 일이 종종 있는 법이니라” 하고 안채에 들어가더니, 그때 비로소 통곡을 하셨다한다.

당시 할아버님은 아직 연로하신 부모님이 생존해 계신 관계로 그 길로 벼슬을 내려 놓으셨는데, 그 때가 47세이셨고 종2품의 벼슬이셨다.

이후 할아버님은 61세 돌아가실 때까지 변호사 일을 하셨다 하신다. 할머님은 둘째 아들이신 우리 집에서 오래도록 모시고 살았는데, 언니들의 이야기로는 1년에 한 두 번씩 할머님의 수의를 꺼내어 거풍(습기 차지 않게 바람에 쏘이는 것)을 시켜 드리는 것을 보았는데, 그 수의가 그렇게도 아름답고 예뻤다고 말하는 것을 들었다.

이제까지의 내 상식으로는 수의는 삼베로 만드는 것 인줄로만 알았는데, 할머님 수의는 비단으로 되어 있었으며 물색도 고와서 연노랑 저고리에 옥색치마로 빨간색 주머니가 여러 개 있었다는 말을 들으니 아마도 손과 발등을 씌워드리는 주머니였던 것 같다.

내가 참견하기 좋아하고 조금만 관심만 있었다면, 어렸지만 한 번쯤은 볼 기회가 있었을 것 같은데 무관심했던 것이 못내 아쉽기만 하다.

할아버님은 평소에 기억력이 얼마나 탁월하셨는지 잊어버린다는 것 자체에 대하여 이해를 할 수 없어 하셨다 하신다. 할머님은 돌아가실 때까지 “정경부인”이라는 칭호를 받고 사셨다

한다. 할아버님은 올곧고 어지신 정사를 살피셨음은 물론, 여자관계는 더욱 엄격하고 철저하셨다고 하신다.

내가 여학교 시절만 해도 그 당시 인천 화수동에 사는 노인들은 지금도 "김강릉" 하면 모르는 사람이 없을 것이라는 말을 친정아버님으로부터 들었다. 아마도 첫 부임지의 이름이 따라다닌 것은 아닌가 싶다.

작은 할아버님 한분이 계셨지만 중국 안동에 건너가셔서 그곳 한인회 회장으로 계셨다는 말을 들었다. 선대에서부터 시작해서 아버님 형제 6남매(3남 3녀)와 우리형제에 이르기까지 모두가 명석한 두뇌를 가지셨음에도 나는 조상님께 부끄럽게도 어찌도 이리 못난이인 잊어버리기 대장으로 살고 있는지 모르겠다.

자손이 잘 되어 있어야 떳떳하게 조상님을 말 할 수 있으련만, 잘못하면 오히려 조상님께 누를 끼치는 일이 될 것 같아 감히 조상님을 입에도 못 올리며 살아가고 있다. 할아버님께 욕되는 후손만큼은 되지 않으려고 노력하며 살려고 하지만, 어쩔 수 없는 부족함에 죄송한 마음으로 용서를 빌고 또 빌고 있습니다.

묵은지 사랑법

그녀에게서 아름다운 하느님을 본다. 젊었을 적 내가 부러워 하는 아름다운 외모를 가지고 있는 그녀!

항상 말 없는 행동으로 실천하며 사랑을 베푼다.

항상 외롭다는 그녀!

피아노 학원을 운영하며 항상 꼬마 천사들의 시샘하는 사랑을 받아가며 가슴에는 하느님으로 가득 채워놓은 그녀가 왜 외로움을 호소하는 것일까.

크게 건강하지 못한 남편임에도 불구하고 하루도 빠지지 않고 그녀를 위해서 안마를 해 준다고 말 하면서도 그녀는 늘 외롭다고 말한다.

어느 날, 외로운 그녀가 남편에게 안아달라고 말했단다.

그 영혼 없는 포옹을 받으며 그녀는 더욱 허탈해 하며 빈 웃음을 웃고 있었다. 표현하지 않는 남편이지만 명망 있는 사회인으로 살아오다 이젠 모두를 접고 있는 그 남편의 표현 못한 외로움이 더 큰 것은 아닐까?

마음이 허하고 외로울 때는 안아달라고 할 것이 아니라, 내가 외로운 깊이만큼 남편을 깊게 껴안아 보는 것도 외로움의 한 치유법이 될 것 같다.

부부는 수십 년을 동거 동락해온 어찌 보면 남이 아닌 나 자신일 수도 있다.

내가 가슴이 시릴 때면 남편도 시릴 것이고 내가 마음이 아플 때면 남편도 같이 아플 것이다. 서로의 메마른 가슴을 적시고 피돌기를 해가면서 서로의 가슴을 채워간다면 혼자만의 외로움은 없을 것이다.

부부는 오랜 세월 같이 살아온 사랑 중에서도 깊은 묵은 지의 사랑이다. 외로울 때면 남편을 기다리지 말고, 내가 먼저 남편에게 다가가 표현하는 것도 한 방법이라고 생각된다.

내가 받고 싶은 만큼의 사랑을 남편에게 쏟아 붓는 것이다.

집안에서 가끔 남편과 서로 비껴 갈 때면, 남편을 힘껏 끌어안는다. 때로 내 돌발 행동에 비명을 지르면서도 싫지 않은 듯 웃어준다.

그렇게 하고 나면 서로의 마음이 충만감으로 가득 채워진다.

오늘도 출근하는 남편에게 엘리베이터의 쪽 유리문에 남편이 안 보일 때까지 손 키스를 날리며 서서 외롭지 않은 서로를 보게 된다.

향일암의 밤바다

서울에서 멀리 떨어진 그 곳, 전남 여수에서도 배를 타고 들어간 곳에 향일암이란 암자가 있었지만 향일암은 일본인들이 일본으로 향한다는 뜻으로 지었다 해서 영험할 영, 바위 암 글자를 붙여 사용하고 있었다.

대부분의 바위들이 거북이 등처럼 줄무늬를 갖고 있어서 영구암이라고 부르기로 했다는 것인데, 우리가 갔을 때만 해도 "향일암"이라는 더 익숙한 이름으로 불리어지고 있었다.

그 곳 바위들은 신통하게도 온통 거북이등과 같은 줄무늬들을 갖고 있어서 신기하게 느껴졌지만, 그것보다도 그 곳에서 본 야경을 아직까지도 잊을 수가 없다. 배에서 내려서 향일암 가는 산길에 깎아 놓은 듯 거대하게 마주보고 서 있는 돌 사이를 비집고 통과하면서 도착한 곳에 향일암이 있었다.

우리 일행은 저녁공양(식사)을 끝내고 샤워하고 나니 어느덧 어둠이 내리고 있었다. 밤 기도를 올리기 위해 법당을 오르려고 요사체(신도들이 기거하는 방) 모퉁이를 돌아 돌계단을 오르고 있었다.

그때 갑자기 펼쳐진 밤바다의 경이로운 그 모습에 깜짝 놀라 말문이 막히고 숨이 멎었다. 눈을 의심했다. 까만 밤바다에 웬 보석 같은 별들이 가득히 떠 있는 것이 아닌가!

숨이 멎은 채 한참 동안 그 모습을 바라보니, 그것은 별이 아니라 밤바다에 가득히 떠 있는 고기 배 들의 불빛이라는 것을 깨달았을 때, 순간 말문이 막히고 숨이 멎는 것이었다. 한참을 넋을 잃고 보다가 옆으로 눈을 돌리니 그 곳에는 깎아지른 절벽위로 휘어진 소나무 한그루가 높이 서 있었다.

그 소나무 가지위에 눈썹 같은 초생 달이 걸려 있었고, 그 역시 숨 막히게 아름다운 한 폭의 아름다운 그림이 아닐 수 없었다. 처음으로 그 그림 같은 풍경에 혼을 빼앗겨 차마 그 자리를 뜰 수가 없어서 쉽사리 법당으로 발을 옮길 수가 없었다.

그 날의 기도는 죄송스럽게도 어떻게 했는지 잘 기억이 나지를 않는다.

다만 그 날 밤의 그 향일암의 야경은 언제 까지나 지워지지 않고 내 가슴속에 보석처럼 박혀 빛나고 있다.

시간이 되면 언제라도 다시 한 번 가보고 싶은 향일암 밤바다의 잊을 수 없는 야경이다.

풋내기 엄마시절

대부분의 아기 엄마들이 모두 그리하겠지만 애기를 갖고, 낳고, 발자국 띄는 아가를 보면서 엄마들은 가장 지혜로운 엄마이고 싶고 가장 현명한 엄마이고 싶어 가장 훌륭한 자식으로 키워내고 싶은 것이 엄마의 욕심이겠지만, 경험도 없고 의욕만 앞선 나머지 과욕이 지나쳐 오히려 아이를 가르침에 있어서 오점이 되었음을 나중에야 깨달을 수 있었다.

젊은 엄마는 아이가 8~90점만 되어도 그 부족한 나머지를 더욱 채우고 싶은 욕심에 끊임없이 질책하고 타이르기를 계속하고 있었다. 아니 95점이라 해도 그것에 만족하지 못해 그 못 채워진 5점이 더욱 안타까운 나머지 욕심에 욕심을 더해 가지만 어느 순간이 되어서야, 그것이 잘못된 판단임을 나중에야 알게 되었다.

원래 한 가지를 가르치기 위해서는 95가지의 칭찬 속에 살짝 끼워 넣어야 한다는 말을 책에서 보았다. 어리석은 엄마는 칭찬은커녕 잘못 된 것만을 골라 꼭꼭 찍어 질책을 하곤 했다.

그런데 어느 순간 되어서야 아기들이 엄마의 욕심대로 따라와 주지 않는다는 것을 알게 되었다. 그리고 이때부터 아이를 칭찬해주기 시작했다. 무엇이든 아이가 잘 하는 것 하나를 칭찬해주면, 그 칭찬을 더욱 의식하여 그 쪽으로 발달한다는 것을.

그때는 그것을 왜 몰랐을까!

그리고 아이는 그 칭찬하는 쪽으로 더욱 발달하기 때문에 바라지 않은 나쁜 쪽은 점점 퇴화해간다는 것이다. 정말 그랬다. 아이는 더욱 엄마의 관심과 칭찬을 받으려고 점점 칭찬받을 짓만 골라하곤 했다. 그리고 칭찬하면 멋쩍어 하면서도 해맑은 미소를 지으며 오로지 또 다른 칭찬을 받기위해 쉼 없이 칭찬 받을 일을 하려고 했다.

그로부터 나의 교육방법이 달라졌고 아이들은 나를 실망 시키는 일 없이 잘도 따라와 주었다. 그러다보니 한때는 엉뚱한 자신감까지 들어 이제 아이를 낳으면 정말 잘 키울 수 있을 것 같다는 엉뚱한 욕심과 자신감이 생기기도 했었지만 그것도 어리석음의 소치일 것이다.

젊었기에 모든 일에 시행착오가 따를 수도 있고 젊은 열정도 좋긴 하지만 경험에서 오는 큰 비중도 무시할 수 없는 것 같다. 자식을 키우는 것은 백년의 계획을 세우는 "백년대계"라 하지 않는가! 젊은이들이여!

요즘 자식을 낳아 키우는 일이 힘들다 하지만, 어서 빨리 좋은 자식 많이 낳아, 나와 같은 시행착오를 하는 일이 없이 우리나라의 장래를 위해서 더욱 힘차고 씩씩한 좋은 자식을 많이 낳아 더욱 부강한 미래의 우리나라로 만들었으면 하는 간절한 마음이 든다.

무수리의 행복

금년 3월부터 큰며느리가 시아버님인 남편 회사로 출퇴근하기로 되었다. 덕분에 부지런 하지도 깔끔하지도 못한 내가 우리 집 무수리로 자리매김을 하게 되었던 것이다.

남편은 오랫동안 공직생활 하다 정년퇴임 후 고향인 충남 온양 온천에 회계사사무실을 내고 출퇴근을 하던 중 직원들이 들고 나고 신경 쓰이게 하니 며느리가 돕기로 자청한 것이다.

놀고 있지 않았던 며느리였지만 본격적으로 출퇴근을 하게 되니 똑소리 나는 며느리이기 때문에 남편을 돕는다는 것이 마음은 놓이는데, 대신 살림 전부를 시어미에 맡기게 되는 며느리 입장에서는 빨리 사람을 구하라고 성화다. 6식구인 우리 집에 빨래가 많아 빨래는 내가 세탁기로 하려고 마음먹고 청소 일만 맡기려고 일할 사람을 구하니 선뜻 오려하지 않는다.

그래서 생각해낸 것이 내가 청소하면 될 것 아닌가, 일하지 않으려면 먹지도 말아야지, 그렇게 마음먹고 나니 마음이 가벼웠다. 어떻게 아무 생각 없이 거의 멍청한 내가 그렇게 신통한 생각을 할 수 있었는지 스스로 생각해도 기특하다.

빨래는 세탁기가 해주고 물론 오래전 이미 다림질까지 해서 나오는 세탁기가 있다는 말은 들어왔지만, 디지털시대에 나는 아날로그가 좀 더 정스럽고 좋다. 내 머리 자체가 아날로그 인데 뭘 더 원하겠는가.

어찌 사람이 욕심을 다 채우며 살겠는가, 조금 부족한 듯 사는 것이 좋은 것이라 생각하면서 살아왔기에 그것도 얼마나 감사한 일인지 모른다. 식구들이 욕실에서 나올 때마다 빨래가 한 움큼씩이니 빨래를 해 널면 빨래건조대 두 개가 가득 찰 때가 많다.

예전의 나는 다림질도 그리 즐겨 하진 않았던 것 같은데 지금의 나는 그 마저도 즐겁고 행복하다. 물 뿌려 다림질할 때면 내일 이 옷들을 예쁘게 입고 나가겠지, 하는 생각이 들어 절로 입가에 뿌듯하고 행복한 미소가 번진다.

그렇게 예쁘게 다림질 한 옷들을 일부러 현관에 들어오면 보이는 곳에 나란히 걸어 놓는다. 며느리가 들어오면서 볼 수 있게 하기 위함이다.

얼마 전 "나는 남편바보"라는 잡 글을 끄적여 본적이 있었는데, 지금은 며느리 바보까지 된 것 같다.

요즘 변해가는 내 모습이 너무 재미있다. 예전에는 집안일에 그다지 보람 있어 하거나 의미를 두지 않았건만, 요즈음 나를 보면 아무래도 가사 일에 중독되어 가는 것 같다는 생각까지 하게 된다.

집에 있는 날이면 신들린 듯 일을 한다. 가스레인지와 그 위의 후항까지 모두 분해해서 깨끗이 닦고 필터 갈아 끼우고 나면 그 반짝반짝한 모습이 너무 신비하고 아름답다.

다음날엔 앞 베란다를 공략한다.

화분이며 화분받침 접시의 흙먼지들을 깨끗이 닦고, 물청소로 말끔히 정리해 주고 나니 그것이 내 행복인 것을 나는 비로소 무수리의 행복을 제대로 느끼고 있는 것 같다.

큰며느리는 시아버지를 도와 회사에 다니고 있지만, 새로 잡은 일이 서툴고 바쁘다 보니 다른 직원들에게 뒤쳐진 일을 하노라고 회사가 바쁠 때는 때때로 회사에서 자면서까지 해내고 있는 것이다.

아무래도 학원을 다니면서 배워야 하겠단다. 그래서 학원에 등록했는데 그 첫날이 8월 4일 월요일부터라고 한다.

그 날이 마침 시어머님 제사 날이었던 것이다. 며느리는 몇일전 아침에 나에게 조용히 다가오더니 다소 곤란해 하며, 어머니 학원에 등록 했는데 할머님 제삿날이 수업 첫날이라서 어떻게 해야 할지 모르겠어요.

나는 즉시 대답했다. 얘, 할머님 제사에 자식들이 있는데 왜 손주 며느리가 걱정하니? 너는 걱정하지마라라.

나는 그렇게 말하면서 며느리에게 부담주지 않는 내가 멋진 시어미 같다는 생각이 들었다. 머리회전도 늦는 내가 어떻게 그리 준비된 말 같이 재빠르게 대답 했는지 모르겠다.

작은 며느리도 회사에 매인 몸이기 때문에 저녁 늦게야 참석할 수 있고 둘째, 셋째 동서들도 모두 저녁 늦게야 참석 할 수 있기 때문에 취미 생활에 맹활약 하고 있는 대전에 살고 있는 효심이 가득한 둘째 시누이한테 전화해서 도움을 받아 그 날 제사를 잘 모실 수 있었다.

오늘도 열심히 무수리의 행복과 보람을 느끼는 가운데 틈틈

이 취미 생활도 해가며 저녁에 들쭉날쭉 모이는 식구들이지만, 그 식구들을 위해 따뜻한 밥과 찌개를 준비하는 나는 무수리의 오늘을 자랑스럽게 생각한다.

눈꽃송이

온 하늘 가득 메우며
살포시 내려앉는 하얀 눈
다정한 친구 만나는 날
축복처럼 하얀 꽃잎 가득 날리네,
얼굴 간질이며 가슴에 안기는 꽃
순백의 아름다움,
순백의 그 마음 담아
고운님께 보내고파!

작은 아들

작은아들이 태어났을 때, 남편은 병원으로 먹을 것을 한보따리 싸들고 와 내려놓으며, 이젠 더 낳지 않아도 된다고 말했고, 시골에서 아버님은 좋아서 춤을 추셨다고 하신다. 힘들었던 큰애 때보다는 생활이 조금 안정되어 있었다.

당연히 딸을 낳을 것 이라고 생각했던 것과는 다르게 아들이 태어났고, 아들은 부모의 기대를 저버리지 않고 무럭무럭 잘 자라 주었다. 말보다는 글을 빨리 깨우쳐 3살 위인 형을 따라 만화방을 쫓아다녔는데, 만화방 주인은 돈을 주어도 받지 않는다고 하였다.

아마도 형 옆에서 그림만 본다고 생각했는지 모른다. 왜냐면 형이 책을 볼 때면 항상 어깨 너머로 보았기 때문에 자기 혼자 책을 볼 때도 책을 옆으로 놓고 보거나 거꾸로 놓고 보는 기현상이 벌어지곤 했으니까. 나중에야 웃으며 아들을 바로 잡아 주었다.

그 아들은 내가 항상 어떻게 이런 아들을 낳았을까, 내가 어떻게 저런 아들을 낳을 수 있었을까를 생각하며 순간순간 감동을 하고 있었다. 초등학교 5학년 때였다. 학교숙제를 한다고 궤도에 과제물을 만들어 꽂아놓고 미리 설명하는 모습을 보았는데, 그것은 적어도 중학생이면 모를까 초등학교 수준은 아니었다. 아직 어리지만 과묵하고 진실 된 아들이었다.

아무래도 이 아들은 내가 시부모님께 잘했기 때문에 하늘에서 나에게 상으로 내려준 것이라고 착각하기에 이르렀으니 내가 아무리 젊어 철이 없다 해도 그 일을 생각하면 부끄럽고 어이없어 실소를 금할 수가 없게 된다. 그 당시 시댁에서는 시어머님이 늘 아프셔서 수술도 몇 번 하셨고, 우리의 결혼도 있고 하니, 아무리 혼사를 검소하게 했다 해도 빚은 커 질 수밖에 없었다. 그 빚은 기하급수적으로 불어나고 있었다.

처음 결혼 했을 때 새색시였기에 가난한 시부모님을 향한 순수한 마음은 눈덩이처럼 컸고, 어떻게 해야 조금이라도 고생을 덜어 드릴 수 있을까를 늘 고심하고 있었다. 그 당시는 계라는 모임이 유행하던 때였기에 고심 끝에 친정 언니들께 부탁해 2번째 탈수 있는 큰 액수의 독 번호를 들어 그 빚의 큰 부분을 해결했지만, 그 곗돈의 불입금은 은행 다니는 남편의 한 달 월급의 전부였다. 곗돈을 지불 하고나면 생활비가 제로였다.

시어머님을 보약 해드리겠다는 핑계로 모셔와 큰애를 보시게 하고 나는 친한 친구 남편의 회사에 출근을 시작했다. 당시에는 맞벌이가 많지 않던 시대였지만 특히나 맞벌이를 싫어했던 남편이었기에 자존심이 상한 남편은 술에 취해 와서는 당장 직장을 그만두라고 나를 볶아치곤 했다.

다행히 오래 지나지 않아 남편은 다른 회사에 좋은 직급으로 옮기게 되고, 동시에 나는 둘째를 가지게 되어 힘들었기 때문에 회사를 그만두게 되었다. 그때 얻은 아들이었다. 하나를 가르치면 열을 안다는 말을 실감하면서 늘 마음속으로 감동을 했었다.

무엇이든 내가 신경 쓸 필요 없이 혼자 힘으로 모두가 선호하는 S대학 경제학과를 우수한 성적으로 들어갔다. 거기까지였나 보다. 경제학과에 들어가 차곡차곡 자격증을 쌓아놓겠다던 아들이 여자를 사귀고 몸도 아프면서 모든 것이 뒤죽박죽이 된 것 같다.

지금은 회계사의 자격증을 가지고 회계사 일을 하고 있지만, 머지않아 대학 강단에서 교수를 계획하고 있다. 슬하에 아들 하나를 두고 있지만, 이 아들은 애기였을 때부터 자동차에 대한 관심이 지대하더니 아직 어린 초등학교에 들어가기 전부터 자동차에 대해서는 모르는 것이 없는 자동차박사이다.

이 손주가 태어났을 때 어쩌다 늦게 산후조리원에 갔더니 마침 샤워를 끝낸 며느리가 나왔는데, 새하얀 얼굴에 볼이 발그레 가지고 머리에는 흰 수건을 두르고 나왔는데, 어찌나 아름답던지 선녀가 이토록 아름다울까 하고 감탄이 절로 나왔다.

그렇게 한 가정을 이루고 있는 작은아들, 앞으로 긴 세월을 모두가 건강하고 화목하며 마음 속 꿈들을 차곡차곡 이루며 살아가기를 어미는 빌고 또 빌고 있단다.

어른이 된다는 것

지금 생각해 보면 그때만 해도 지금에 비하면 얼마나 풋풋한 때였던가 싶다. 예전 김경애 산부인과에서 2.6kg으로 태어나 인큐베이터를 겨우 면할 수준이었던 큰아들이 무럭무럭 자라나 어느덧 걸출한 대장부로 자라났다.

4년제 대학을 나와 6개월 군 복무를 마치고 나서 모 국영기업체에 취직했던 아들은 이제 겨우 26세에 아무런 준비된 마음도 없는 우리 부부에게 결혼을 하고 싶다고 말하는 것이 아닌가, 그 때의 당혹함이란 말 할 수도 없었다.

아들보다 2년 후배인 신부 감은 KAL 스튜어디스로 근무하고 있었던 기품 있는 아름다움을 지닌 아가씨였다. 소위 말하는 C.C라고 하는 캠퍼스커플로 사귀고 있었기에 그리도 빨리 결혼 하고 싶었나보다. 하지만 나는 애송이 시어머니 겉으론 태연한척 했지만, 마음속으로는 당혹스럽고 어찌할 바를 몰랐다.

이제까지 태어나서 수십 년간을 딸로 며느리로 자식으로만 살아 왔었기에 새삼스럽게 어른이 되어야 한다는 중압감에 어찌 당황스럽지 않을 수 있겠는가. 하지만 어쩌겠는가 내가 해야 할 일이기에 당황한 속에서도 이곳저곳 알아보고 계획을 세운 후에 당혹스러운 속마음을 감춘 채 안사돈을 마주하고 앉았다. 안사돈은 나보다도 6살이나 더 젊으셨으니 얼마나 더 당황스러웠을까, 하지만 아무런 내색 없이 점잖으신 분이었고 말씀도 없는 편이었다.

당시에는 혼수예단 문제로 때로 사회에 물의를 일으키기도 하던 때였지만, 그런 문제에 안 좋은 시각을 갖고 있던 때여서 우리는 그렇게 하지 않으리라 마음먹었었다. 마침 우리 집이 신랑 집인 관계로 부담 없이 조건을 말 할 수가 있었다. 아무 조건 없음에 안사돈은 혹시나 S대학 졸업한 우리 작은아들 며느리가, 예물을 많이 해오면 당신의 딸과 비교 당하지 않을까를 걱정했다. 그래서 아픈 손이 더 시린 법이지요 그러니 그런 걱정은 하지 마세요! 하고는 계획했던 대로 동대문시장에 같이 나갔다. 친구의 소개를 받은 집에서 예쁜 한복 한 벌씩을 나누어 해 입었다.

나는 엷은 은박 무늬가 찍힌 연두색 한복으로 신부 엄마는 역시 엷은 은박 무늬가 찍힌 핑크색으로 해 입었는데, 우리의 한복은 너무도 우아하고 아름다웠다. 그리고는 아들 며느리 한복 서로 해 입히고 양쪽 아버지 양복 서로 해 드리기로 하고 예단을 끝맺었다. 후에 신부가 군복무중인 시동생 양복도 한 벌 해 주었다.

결혼식 날 양쪽 사돈이 나란히 손잡고 입장 했을 때, 아름답고 우아한 화목한 그 모습에 하객들이 최고의 찬사를 아끼지 않고 전화들을 해주었다. 후에 작은아들 결혼 시킬 때도 안사돈이 나의 두루 마기라도 해 주겠다는 것을 한사코 뿌리쳤다. 입을 일도 별로 없는 비싼 옷을 장롱 속에 굴러다니게 할 필요가 없어서였다.

큰애들은 서로 커플반지를 하겠다고 벌써 맞추어 놓았지만, 나는 내 며늘아기에게 만은 남부럽지 않게 해주고 싶어 정성껏 화장품세트와 예쁜 예물세트 들을 해 주었다. 그것도 한때인데 그것이 그날의 신부에게는 크나큰 행복이 아니겠는가. 신부는 받는 기쁨이 있을 것이고 나는 주는 즐거움과 행복이 있었다. 그렇게 치러진 결혼, 그날의 신랑 신부 한 쌍은 너무도 아름답고 예뻤다.

이제까지의 모든 부모들이 자식을 위해 기울였던 온갖 정성과 노력은 앞으로 그 애들을 잘 살게 하기 위한 굳건 한 터전을 만들어 주기 위한 튼튼한 기초공사를 해 준 것이라고 생각한다. 그렇게 온갖 정성을 다 들여 키운 아들과 딸들이 결혼을 해서 단란한 가정을 이루고 독립된 개체로 살아가기까지 부모는 옆에서 조용히 지켜보면 될 것이라 생각한다.

결혼식이 끝나고 나니 무거운 짐을 내려놓은 듯 양쪽 두 어깨가 홀가분하고 가벼웠다. 이제까지 키운 내 아들을 며느리에게 분양 시켜주었다고 생각했기 때문이다. 지금도 아들 며느리 손주들의 행복한 모습을 보면 내 양팔 벌린 울타리 안에서 평화롭게 모이를 쪼아 먹는 어미 아비 닭들과 병아리 같이 생각되어 마냥 마음이 흐뭇하고 행복하다.

자식은 물질적인 효도보다 그 자신들이 말썽 없고 건강하게 잘 살아주면 그것이 효도라고 생각한다. 내가 아들보다도 더 며느리를 아끼고 사랑하는 것은 그것도 내 아들을 사랑하기 때문이다. 만일 내가 며느리의 마음을 불편하게 해 준다면 그 불편한 마음이 어디로 가겠는가, 그 불편함이 아들에게로 가고 그래서 그 불편함 들은 그 가정을 밝고 건강하게 할 수가 없기 때문이다.

아들은 항상 부모로 인한 미안함이나 그로 인해서 어깨를 움츠려야 할 일은 없었다. 그렇게 해서 행복하게 사는 모습을 보면, 그것이 어찌 나만의 행복이겠는가, 그것을 보는 양쪽 부모 모두의 행복일 것이다. 그것이 부모가 자식에게 해 주어야 할 당연한 배려이고 사랑이라고 생각되어진다.

예전에 나는 생각했었다. 누구나 모두 온전한 인격체로 살려고 발 돋음 하지만, 때로 본의 아니게 나의 무심한 말 한마디가 상대방에게 상처 주는 말을 할 수가 있다. 나도 혹 그런 일은 없었을까 생각해 본다. 그러나 지내놓고 보면 아무리 나 자신이 남에게 피해를 끼치지 않고 살겠다고 생각하지만, 그래도 시행착오를 겪을 수 가있다. 젊을수록 더욱 그렇지만, 세월을 이만큼 지나고 나서야 더욱 그것을 깨닫게 된다. 나도 며느리도 다 그럴 것이다.

나는 훨씬 많은 세월을 살아 왔기에 나무로 말하면 고목나무라 생각되어진다. 고목나무는 쩍쩍 갈라진 나무표피를 설사 손으로 떼어낸다 해도, 그 아픈 고통을 잘 모르겠지만 젊어서 파랗게 물오른 나무줄기는 그 나무껍질을 벗겨 낸다고 했을 때 얼마나 살점 찢어지는 아픔과 고통을 느낄 것인가.

그러기에 시행착오를 겪을 젊은이들에게는 혹 잘못 된 실수가 있다 해도 그것은 성장을 위한 교육 과정이라고 생각 한다면, 그것도 필요한 것이기에 젊은이들에게 생살 찢는 고통은 가능한 한 주지 않아야 된다고 생각한다. 그것이 이만큼 세월을 살아온 어른들이 젊은이들에게 베풀어야할 배려와 사랑이라고 생각 한다.

나도 노력하면서 살아온다고 생각했지만 때로 마음을 다치게 했을 수도 있을 것이다. 하지만 그러면서 젊은 사람들도 세월을 따라 어른으로 성숙해 갈 것이다. 성숙되어진 것이 없는 나 자신이지만 더불어 살면서 배우고 또 배우며 젊은 사람들 말에도 귀 기울이는 어른으로 살아가고 싶다.

큰손주의 샴페인 선물

샴페인이라고 하면 프랑스의 샹파뉴(Champagne) 지역에서 생산된 것만 샴페인이라고 부를 수 있다고 하며, 3가지 이상의 포도를 혼합하여 만들고 있다고 한다. 샴페인은 17세기부터 만들어 왔다고 하는데, 나는 이상하게도 대부분의 술이라고 하면 써서 즐기지 않지만 상큼하고 달콤한 샴페인만큼은 아주 좋아한다.

물론 많이는 마시지 못 하지만, 내 입에는 환상과 예술의 조합된 맛이다.

큰손주가 카투사로 군입대를 하기 위하여 휴학계를 내고 알바를 하더니, 유럽으로 배낭여행을 떠나기 위해 알바를 그만둔 날 알바를 해서 받은 돈으로 할아버지의 넥타이 선물과 함께 이 할미가 샴페인을 좋아한다고 샴페인을 2병 사들고 들어왔다. "꼬르동 불루"라는 고급 샴페인이었다.

샴페인도 좋지만 할미가 좋아하는 것을 기억해 주었다는 것만으로도 말 할 수 없는 감동이었다. 한 병은 그 자리에서 열어 파티를 열어 분위기를 내었고 또 한 병은 냉장고에 넣어 두었다가 할머니 생신에 드시라고 손주가 말했지만, 마침 할미 생일과 손주가 군대 가는 날이 같은 날이다.

멋있는 전야제를 열어야겠다.

나는 입맛 다시며 그 날을 기다리고 있지만, 생각해보면 우리손주를 논산 훈련소로 떠나보내는 날이기도 하건만, 이 더위에 고생할 것을 걱정하는 게 아니라 철없는 할미는 샴페인을 먹자고 그날을 기다리고 있는 꼬락서니가 한심하다.

샴페인에 매료된 것은 그 맛이 예술이기 때문이다. 혀끝에 맴도는 상큼하고 달짝지근한 맛이 마치도 첫사랑의 맛이라고나 할까.(첫사랑도 못해 봤으면서^^). 첫사랑다운 첫사랑을 못해 보았기에 소설 속에서 익혀온 상상력은 오히려 더 뛰어날 수도 있다.

얼마 있으면 손주가 배낭여행에서 돌아올 것이고 나는 몸과 마음이 더욱 성장한 모습의 손주를 볼 것이다.

더욱 검게 그은 손주의 모습을 기대하며 그 가슴에 세상을 다 품은 멋있는 청년으로 돌아올 날을 기다리고 있다.

미풍양속

세상엔 어느 나라이건 그들만의 미풍양속이 있기 마련이다.

그러나 요즘 우리 사회에서는 그러한 미풍양속이 조금쯤은 퇴색되어가는 느낌이다. 과거에 비하여 풍부해졌고 편리성과 안락함으로 삶의 질이 높아졌음에도 불구하고 사람과 사람들과의 사랑과 끈끈한 정, 그리고 믿음과 신뢰, 존경과 도덕 등이 메말라 버린 것은 아닌가 싶을 때가 있다.

인구가 많아지다 보니 보다 자기중심적이고 이기주의의 속에 돈과 명예와 권력에 집착하는 사회가 되다보니, 타인을 배려하고 이해하려는 생각은 점점 약해져 버린 것 같다.

우리 사회는 5.16직후 새마을 운동으로 부터 시작된 '잘 살아 보세'의 구호와 함께, '둘만 낳아 잘 키우자'는 산아제한 세대를 거쳐 '하나만 낳아 훌륭히 키우자'는 정부정책과 시대의 흐름이 물질적으로는 풍부해졌지만, 결국 가정교육과 학교교육에서도 많은 문제점이 생기기도 했다.

예의와 도덕을 가장 큰 덕목으로 하던 시대에서 이제는 모든 것이 퇴색되어진 것은 사실이지만, 그래도 아직까지는 "동방예의지국"이라고 말하고 싶다.

며칠 전 우리 집에는 시할머님의 제삿날이었다.

모두가 직장인이어서 밤늦게야 온 가족들이 모여 제사를 모실 수 있었다. 한쪽에서는 가족들이 모여 놀이며 이야기꽃을 피우는가 하면, 다른 한쪽에서는 며느리와 시누이 동서들이 설거지를 비롯한 뒷일에 열중하고 있는 모습에서 가족들 간의 애틋하고 화목한 사랑과 우애를 느낄 수 있었다.

어쩜 이 시대의 나의 삶이 참으로 아름답다는 느긋한 행복감에 빠져드는 순간이기도 하다.

요즘 젊은 주부들이 모이면 시월드 시월드하고 명절증후군이다 뭐다하며 떠들어 대지만, 나의 생각은 젊은이들의 생각과는 조금 다르다. 요즘처럼 바쁜 세상에는 몇 명 안 되는 가족끼리도 함께 모여 식사하는 시간이 쉽지 않다고들 한다. 그러니 가족 간의 대화의 단절이 있을 수밖에 없다.

정과 사랑을 느끼고 나눌 수 있는 시간이 부족하다고 느껴지는 것은 참으로 안타깝고 애석한 일이라고 생각이 된다.

그리하여 조상님들이 물려주신 명절들과 제삿날이 그렇게 아름답고 소중한 것이라 생각했기에 다소 힘들게 느껴질 때도 없는 것은 아니지만, 며느리의 본분을 다하여 즐거운 마음으로 조상님들의 슬기와 지혜가 담긴 이 아름다운 미풍양속들을 내 손으로 이어받아 다음 자손에게 물려 줄 수 있는 가교역할이 될 수 있다면, 그것도 내가 할 수 있는 보람이라고 생각되었기에 오늘도 열심히 즐거운 마음으로 본분을 수행하고 있다.

그러기 위해서도 가족과 친척들을 위하여 약간의 희생은 희생이 아니고, 며느리이자 어머니의 본분이라 생각하며 기꺼이 감수하고 싶다.

우리나라 어머니들은 자식들을 위하는 일이라면, 어떠한 희생도 마다하지 않는 강인함을 가지고 있다. 그러기에 믿는다. 모든 어머니들이 다른 것은 자손들에게 물려 줄 수 없다 해도, 이 아름다운 미풍양속의 정과 사랑 나눔만큼은 오롯이 지속되기를 바라는 마음이다.

그래서 오래도록 후손들이 모여 오순도순 정을 나누며 돈독한 사랑을 베풀고 살아갈 수 있다면 얼마나 아름답고 자랑스러운 이 나라의 미래가 될 것임을 모두가 믿어 의심치 않으리라 믿고 싶다.

어린 시절 우리들에게는 명절이나 제사 등 큰일들이, 얼마나 손꼽아 기다려지는 가슴 두근거림이었던가! 그 아름다운 추억들을 언제 까지나 우리 자손들에게도 똑같이 물려주고 싶다는 것이 나만의 생각은 아닐 것이다. 설, 추석 명절 때마다 고속도로가 거대한 주차장을 연상케 하며 밀리는 것을 보면, 아직도 우리나라는 아름다운 미풍양속이 살아 숨 쉬는 곳임을 알기에 우리 민족 모두는 자랑스러운 긍지와 자부심을 가져도 될 것 같다.

우리의 주부와 어머니들은 모두가 현명하기에 꼭 튼실하고 밝은 미래를 이루어 내리라 믿어 의심치 않는다.

빈 시상의 자리

지으려도 지으려 해도
지어지지 않는
내 가슴 속 빈 시상의 자리
어쩔거나 어쩔거나
어찌 할꺼나
토해내려도 토해내려 해도
토해지지 않는
내 가슴 속 목마름이여
잔인한 아픔이여!

2부

계절의 여왕

5월을 누가 계절의 여왕이라고 했던가!

5월은 신록의 계절!

5월의 푸르른 나뭇잎 새들은 한없는 싱그러움과 신선한 아름다움으로 우리들 가슴에 청량함을 가득 채워준다. 그것은 젊음의 상징이며 우리들에게 무한한 가능성과 한없는 희망과 꿈의 나래를 펼치게 해준다.

때문에 5월은 젊음의 상징이라고도 생각된다. 그런가하면 10월 말부터 11월에 이르러서는 온갖 단풍으로 수채화 물감을 뿌려 놓은 듯, 온 세상이 아름다움의 극치를 이루는 모습들이다.

계절마다 다른 아름다움은 있지만, 진실로 결실의 가을이오면 단풍 들고 낙엽 지는 그 가을이야말로 진정한 계절의 여왕이 아닐까 하고, 나름대로 생각해 본다.

어제 밤 내린 비로 해서 마을 뒷산인 안산 산책로에는 촉촉이 젖은 그 모습이 나무의 빛깔을 더욱 선명하게 하고 산 능선을 따라 하늘과 맞닿은 곳엔 흰 구름으로 덮여 있고 산 골짜기마다엔 깊숙한 안개가 자욱하게 내려와 있어 선경을 이루고 있다. 마치 설악산에 와 있는 것 같은 착각을 하게 되는 신선하고 아름다운 풍경이다.

깊은 가을에 그 산책로를 걷다보면 골짜기와 숲 속 깊숙이에 사색이 깔려 있는 것을 본다. 명상하기 좋은 계절, 시인과 철학자의 계절이라고 생각하면 어떨까 하는 생각마저 든다.

가을이면 아름다운 오색단풍으로 한껏 치장한 모습은 그 자태가 농염한 여인의 자태같이도 느껴진다. 나는 감히 온갖 단풍으로 치장한 11월을 "계절의 여왕"이라고 부르고 싶다.

이렇게 아름다운 계절 속에 내가 함께 존재한다는 것만으로도 커다란 축복이고 행복이 아닐 수 없다. 이제 계절의 변화는 하루하루 겨울을 재촉하여 벌써 우리 집 아파트 앞, 뒤뜰에는 감나무들이 가을걷이를 끝내고, 그 아름답고 화려했던 단풍들도 하루하루 그 잎새들을 떨구며, 머지않아 다가올 추운겨울을 앙상한 나목으로 맞이할 준비를 하고 있나보다.

계절의 여왕인 11월이여!

내년에 다시 만날 것을 기약하며 아쉽게 작별을 고하려 한다. 가을이 지나면 또 하얀 눈으로 우리들의 동심을 자극하겠지.....

표정의 미학

며칠 전 가까이 있는 노인복지회관에서 노인들이 추고 있는 스포츠댄스를 볼 기회를 가졌다. 화려한 반짝이 의상에 흘러나오는 아름다운 음악에 맞추어, 제법 앙증맞은 춤동작까지 완벽하게 소화를 해내고 있는 모습들이다.

조금의 망설임도 주저함도 없는 것이 완벽하게 암기한 춤 인 것 같았다. 여성회원 12명과 남성회원 4명이 일사천리로 흐트러짐 없이 움직였다. 그 춤동작을 암기하기 위한 긴장감이 있었던 것일까, 아쉬웠던 점은 그 화려한 의상과 춤과 노래에 비하여, 아무런 표정도 전혀 느낄 수가 없었다는 점이다.

감정의 교류라는 것이 전혀 느껴지지 않는 무표정 속에 춤동작을 암기하느라고 그랬는지 기계적으로 추고 있는 그 춤이 전혀 아름답게 느껴지지가 않았다는 것이 너무도 아쉬웠다.

처음으로 느꼈다.

표정이라는 것은 살아있는 생명체의 절대적 필요조건이 된다는 것을. 왜 얼굴에 희, 노, 애, 락이 전혀 보이지 않고 다만 기계적으로만 움직이고 있는 것일까 하고!

춤이라면 부드러운 분위기 속에서 행복한 모습이 예상되는 것이련만 그래도 여자회원들은 간혹 막간을 이용하여 화장한 얼굴에 때로 미소를 보여주기도 했기에 그래도 보는 사람이 다소 위안을 얻을 수 있었다.

사람이 나이를 먹어서 생기는 주름은 어쩔 수 없다지만, 얼굴을 그릇에 비유한다면 그 그릇에 젊은 사람이 가질 수 없는, 또 다른 깊이 있는 삶이 녹아있는 아름다움을 담아낼 수 있지는 않을까 하고 생각해 본다.

세월을 이만큼 살아온 사람만이 가질 수 있는 여유로움과 푸근함 또는 모두를 품어 안을 수 있는 넓은 아량과 포용력과 깊이 까지도 그 사람만의 지혜와 삶이 담겨진 표정을 담아 낼 수 있다면, 아마도 그것은 젊은 사람이 가질 수 없는 인생의 가장 값진 아름다움이 될 수도 있지 않을까.

그것은 아마도 평생을 만들어온 자기만의 작품이 될 것 같다. 잘 생기고 못 생기고를 떠나서 자기만의 표정을 만들어 낼 수 있다는 것이야말로, 가장 소중하고 가치가 있는 것은 아닐까 하고 나름대로 생각해본다.

조그마한 배려

큰아들이 결혼하고 나서 얼마 되지 않아 시어미인 내 생일이 돌아오고 있었다. 원래 새로이 사돈을 맺으면 첫 생일은 서로 사돈지간에 꼭 인사를 하는 법이라 했다. 새로 맞아들인 며느리와 사위도 서로 양쪽 부모가 상을 차려주는 법이라고 한다.

우선 처음 시집온 새 색시가 아직 어렵기만한 시어미 생일상을 차린다는 것은 얼마나 어렵고 부담이 오는 일이겠는가. 물론 며느리는 잘 할 수 있는 사람이지만, 그래도 부담을 없어주기 싫었다.

그래서 미리 며느리를 불러서 말 해주었다. 이번 내 생일은 하루 전에 강화 보문사에 가서 기도하고 생일 다음날 오게 될 거야, 그러니 나 없는 동안 할아버님과 아버님 잘 좀 부탁할게!

원래 불가에서는 생일 불공을 드리면 좋다고 알려져 있어서 핑계가 좋았다. 그렇게 해서 며느리가 들어오고 나서 보낸 나의 첫 번째 생일이었다. 며느리는 상을 차려야 하는 걱정과 부담이 없어 좋았을 것이고 나는 며느리에게 부담을 주지 않아도 되는 가벼운 마음이어서 좋았다.

그리고 나 스스로도 이해가 잘 되지 않는 것은 며느리의 첫 생일은 물론이지만, 며느리의 생일이면 밤잠을 안자고 콧노래를 부르며 생일 음식을 차리면서 그렇게도 행복 할 수가 없었다. 왜 그리도 즐거운지는 나도 잘 모르지만 그냥 즐겁고 좋다. 아마도 딸이 없다보니 딸을 대신해서 그처럼 예뻤는지 모른다.

지금은 나이를 먹어서인지 그 열정도 식었지만 그 때는 그리도 좋았던지, 콧노래 속에 잘 안하던 오징어순대까지 해가며 즐거워했던 일이 생각난다. 생일 다음날은 며느리는 내가 만들어준 갈비찜과 과일샐러드 그리고 오징어순대 등을 싸들고 자랑스럽게 친정에 가지고 가던 생각이 난다.

그때 식구들이 맛있다 했는지 안했는지는 생각도 나지 않지만, 거의 밤을 밝히며 즐겁게 음식을 만들었던 생각만이 뚜렷하다.

콧노래를 불러서 좋은지 좋아서 콧노래가 나오는 것인지, 나도 모르지만 매사 즐겁고 단순하게 생각하며 사는 버릇이 있기 때문에 몇 년 전에는 죽음의 문턱까지 갔다 왔으면서도 아직까지도 우울증이나 갱년기 증상도 못 느끼고 살아온 것은 아마도 그 때문이 아닌가 생각되기도 한다.

항상 바보 같고 모자란 내가 부끄럽기도 하고 싫지만, 그 단순 병이 또 나를 밝은 생활을 하게 해주는 것 같다. 아직 오지도 않은 미래에 대한 근심 걱정을 미리 껴안고 하고 싶지 않다는 것이 나의 생각이다.

오늘을 최선을 다하면서 살면 되는 것이다.

나는 가정주부니까 가정 일에 충실하면서 남에게 피해 주는 일 없이 살면 된다고 생각하기 때문이다. 사회에서 책임 있는 일을 맡은 사람도 아니기 때문에 타인이나 사회에 피해를 끼치는 일이 없는 한, 나도 행복하고 식구들도 행복하게 그렇게 행복을 일구어 내면서 언제나 밝고 행복하게 살아가고 싶다.

그렇게 나 아닌 타인을 조금쯤 생각하며 살아간다는 것은 남을 배려한다는 것보다는 내가 오히려 더 마음 편할 수 있는 방법이기 때문인데, 남을 배려 한다는 것도 어쩌면 그것은 내 마음을 편하게 하기 위한 조그만 이기심의 발로인지도 모르겠다.

서로의 버팀목

한자의 人間(인간)이라는 글자를 보면, 서로가 의지해서 살아가는 사이라는 것을 뜻한다고 합니다.

다시 말하면 서로의 버팀목으로 살아간다는 뜻이지요.

하지만 요즘 중 노년층의 부부들을 보노라면 참으로 안타까운 일들이 많습니다. 세월이 하루가 다르게 변모하다 보니 부부의 사랑도 많이 변하여 옛날 가부장제도 일 때는 여자들이 많은 핍박과 억울함을 받아가면서도 숙명인 듯 받아들이고 사는 여인들이 많았지만, 지금은 남녀교육의 수준차도 평준화에 이르고 보니 여성들의 자기주장도 만만치 않은 것 같습니다.

핵가족 속에서 적은 자식을 낳아 사랑으로 애지중지 키우다 보니, 참을성은 적고 받는 사랑에만 익숙해져 보다 자기중심적이 되고 참고 인내하는 것이 적기 때문인 듯 젊은 부부들 간에도 끈끈한 가족애와 가족 간의 조그만 희생보다는 자존심과 이기심이 앞선 나머지 참지 못하고 헤어지는 원인이 되기도 합니다.

그것은 슬픈 일일 뿐 아니라 보다 심각한 것은 그곳에서 파생된 자녀 관계가 또 다른 사회문제가 될 수 있다는 것입니다.

예전의 가장들은 몸은 힘들어도 가정에서의 위엄이 살아있어서. 가장으로서의 존재감이 뚜렷하기 때문에 아무리 힘들어도 그 힘든 것을 대신 보상 받을 수 있어 모든 어려움을 참아

낼 수 있지는 않았을까!

그러나 요즘은 여권신장 시대이기에 때로 여성들의 목소리가 남성들을 압도 하는 일도 많다보니, 우리남편이 가끔 하는 농담이 있다. 옛날 조선시대 500년 동안 여자들이 많은 핍박과 구박을 받으며 살았기 때문에 앞으로 500년 동안은 남자들이 구박을 받을 것이라며 껄껄껄 웃곤 합니다.

큰 고생 없이 살아온 부부들도 있겠지만, 그러나 대부분의 부부들은 많은 고생 속에서 자녀들을 키우며 살아왔을 것이라고 생각됩니다. 우리 여성들은 남성들보다도 더 큰 따뜻한 모성애와 자애로움을 갖고 있기 때문에 더 많은 사랑으로 사회의 어려움과 어두움을 밝혀 나 갈수 있으리라 생각합니다.

우리 스스로가 서로를 다독이며 행복하게 사는 모습을 자식들에게 보여 줄 수 있다면, 자식들 또한 어른들의 그 모습들을 보면서 밝고 건강한 삶을 살 수 있으리라고 생각됩니다.

남편과 아내들은 영원한 동반자이자 서로의 버팀목이지요. 아내들은 물론이지만 남편들 또한 평생 가족들을 위해 희생하며 살아왔기에 남편을 향하여 2식(집에서 놀면서 2끼 식사를 하는 사람)이다, 3식이다 농담하면서 웃는 것을 볼 때면, 가장으로서의 존엄성이 무너진 남편들의 모습에 착잡하고 슬퍼지기 까지 합니다. 내가 건강하고 남편이 건강하다면 우리가정 모두가 건강하고 우리사회 전체가 모두 건강하겠지요.

일생동안 남편들과 더불어 모든 고생과 기쁨을 함께해온 아내들이기에 누구보다도 남편을 잘 이해하리라 생각됩니다. 넉넉하지 못한 노년이 보다 많으리라 생각되지만, 두 부부가 서로 의지해서 살아갈 수 있다면, 그것만으로도 다행스럽고 행복하다 할 수 있겠지요. 그리하여 서로에게 따뜻한 반려자가 되어 오손도손 화목하고 행복한 노년을 만들어 간다면, 더욱 밝고 건강하며 아름다운 사회가 될 것입니다.

부부가 항상 옆에 존재해 있을 때면 그다지 소중한 줄을 모른다고 합니다. 그러나 많은 분들이 했던 말들이 생각납니다.

남편의 오랜 지병으로 해서 힘들고 지겨워했던 부인들이 남편이 가고난 후 언제나 후회하며 하는 말은 남편이 자리에 누워만 있어도 살아만 있으면 좋겠다고 항상 뒤늦은 후회를 하며 가슴 아파했던 것을 종종 보았습니다. 후회 할 때는 이미 늦은 것이지요. 가슴 아프게 뒤늦게 후회하는 일이 없었으면 좋겠습니다.

황혼 길에 서로를 보듬어 가며 서로에게 버팀목으로써 의지처가 되어 준다면 얼마나 좋을까요. 물론 가슴 아픈 일이지만 어쩔 수 없어 이혼하는 경우도 종종 있지요. 그런 경우에도 그 자녀들은 자기들만은 절대로 부모의 불행한 전철을 밟지 않겠다며 부단히 노력하지요. 어느 누구도 내 자식이 부부간에 화합하지 못하는 모습을 본다고 가정해 볼 때, 그것은 너무도 슬프고 마음 아플 것입니다.

오늘 내가 조금 참고 노력해서 화목한 가정을 만든다면, 내일 우리 자손들도 서로의 버팀목이 되어 오손도손 행복하게 잘 살아 갈 것이라 믿으며, 나아가 밝은 사회가 될 것입니다.

내일의 밝은 태양은 우리들 여성 스스로가 만드는 것임을 믿습니다.

내일을 향하여 우리 모두 다 함께 화이팅!!!

아내는 안의 해

오래 전 일이다.

아내(부인)는 안의 해, 즉 집안에 뜨는 해를 뜻한다고 한다.

그것은 남편보다 월등하다는 뜻이 아니라, 집안에서 주부의 밝은 역할을 말하는 것으로써 항상 집안에서 구름 없이 쾌청할 수 있다면, 그것이 그 가족 모두의 행복이 될 것이기 때문인 것 같다.

그 당시 우리 집은 나와 직장 다니는 막내 아가씨를 빼고는 모두가 남자들이었다. 특히 시동생은 친구들을 너무 좋아해 여름 같은 경우 밥하려고 일어나보면, 언제 들어왔는지 4~5명의 친구들이 속옷 차림에 큰 대(大)자로 누어 자고 있는 것을 심심치 않게 볼 수 있었다.

우리 집은 남자들이 더 많은 집이기 때문이겠지만 손님이 와도 꼭 남자 손님들 이었다. 남자들이기에 의복 색깔도 어두운 무채색이 많았고 그렇기 때문에 나는 집에서 입는 나의 옷 색깔은 가능한 밝고 화려한 색을 선택해서 입었지만, 어쩌면 원래가 화려한 색을 좋아했기 때문인지도 모르겠다.

특히 집 안에서의 나는 스스로 밝은 아내가 되고 싶었다. 많은 식구들 속에 살면서 밝다는 것이 자칫 어렵게 생각될 수도 있겠지만 사실은 아주 쉽고 단순했다. 그것은 그냥 식구들에게 한 번씩 웃어주면 되기 때문이다. 그것이 무엇이 그리 어렵겠는가.

항상 가장 역할을 했던 남편, 그리고 며느리가 시부모님의 눈치를 보는 것은 당연하겠지만, 시부모님 역시 며느리의 눈치를 살피신다고 한다. 많은 식구를 책임지고 있는 남편의 입장에서야 퇴근해 돌아오면 웃음꽃 피는 화목한 집안 분위기일 때 마음이 편해질 것은 당연할 일일 것이며, 아이들 역시 조금은 가난하더라도 화목한 가정에서 자랄 수 있다면, 그것이 아이들에게도 최상의 행복하고 좋은 환경이 될 것 같다.

본래 엄한 가정에서 자라나 남에게 함부로 이를 드러내고 웃는 것조차도 금기시 되어 있었던 친정이었지만, 학교를 마치고 부모님 곁을 떠나 사회생활로 들어갔을 때 모습은 사감선생님처럼 근엄해 보이기까지 했던 자신이 180도 변했다 것이 나 자신 뿐 아니라 학교친구들의 한결같은 말이었다.

내가 느낄 수 있었던 것은 초면의 사람들에게 조차도 웃으며 친절하게 대해주면 자신은 물론이지만 상대방조차도 기분이 좋아진다는 사실이다. 이런 것을 알면서 남에게 기분 나쁘게 해 줄 필요가 있겠는가. 그 때부터 부모님의 엄한 가정교육에서 벗어나 항상 웃는 사람이 되어있었다.

이젠 웃는 것이 습관이 되다보니, 평소에 웃고 있어도 웃고 있다는 것을 의식하지 못하게 된다. 결혼을 하고 힘들었을 때에도 습관처럼 웃는 것이 일상화 되어 항상 "스마일"이란 별명이 따라 다니기도 했다. 웃는 것이 힘들거나 돈이 드는 것도 아니지 않은가.

호탕하고 남자답고 잘 생기신 우리 아버님!

그러나 술을 워낙 좋아하시고 주사도 만만치 않으셨으니 어쩌다 아버님의 술 주사 이야기만 쓰게 된 나쁜 며느리가 되어 있어서 참으로 아버님께 죄송한 마음이 들어 아버님께 용서를 빌어봅니다.

어느 날 술이 만취해 들어오신 아버님이 동네가 떠들썩하게 한 판 올리셨다. 며느리가 춤추러 다닌다는 둥, 숱하게 밥을 굶겼다는 둥, 어이없고 억울한 말씀이지만 어쩌랴, 나는 며느리고 아버님은 술 취해 하신 말씀인 것을!

사실 그 때 작은 아들이 다니고 있는 피아노학원을 다니고 있었지만 그것이 그렇게 엉뚱한 방향으로 튈 줄은 꿈에도 몰랐다. 술이 만취해 오신 다음날 아침엔 누룽지를 끓여 달라고 주문을 하신다. 명령을 따랐을 뿐인데 허구한 날 또 며느리가 누룽지만 끓여 줬다고 하신다.

그런 다음날 이른 아침이면 밥을 해놓고 한결 높은 목소리로 이 방 저 방을 누비며 아침의 정적을 깨우고 다녔다. 먼저 아버님 방문을 노크하고 열며 높은 고음으로 말했다.

아버님! 따끈따끈하게 두부 부쳐놨어요 얼른 식기 전에 드세요! 아버님은 꾸무럭꾸무럭 멋쩍어 하시며 대강 얼버무리신다. 아버님은 평소에 고기도 좋아하시지만 두부 부친 것을 좋아하셨기 때문이다. 그리고 이 상황을 어떻게 해야 좋을지 몰라, 자는 척 하고 있을 식구들에게 아침을 깨우고 다녔다.

아무도 서로가 눈치 볼 필요가 없는 평온한 아침!

오늘도 집안에 어둡지 않은 밝은 아내가 되기 위해 열심히 밝게 웃으며 콧노래 속에 온 집안을 누비고 다닌다.

악처의 마음을 접으며

아버님께 올리던 밤 자리끼(주무시다 목마를 때 드시는 물)를 이제는 남편의 잠자리에 준비해 놓으며, 마음이 착잡해지고 세월의 무상함을 느낀다.

어느새 그렇게 세월이 흘렀을까!

건강이라면 누구에게도 지지 않았던 남편이었다. 작고 다부진 체격에 돌덩이 같아 신기했던 근육들이 어느새 탄력을 잃어가고 있으니 그 남편에게도 세월은 피해갈 수가 없는가 보다.

요즘은 특히 나이 먹는다는 것을 보다 절실하게 느끼게 해준다. 매일 6시에 일어나 정확히 7시 15분이면 어김없이 고향인 온양 회계사 사무실로 출근 한지도 꼬박 12년째가 된다. 90세까지는 나를 먹여 살리겠다며 비가와도 눈이 와도 아랑곳하지 않고 출근을 하는 성실한 남편! 아무리 힘든 일이 있어도 긍정적인 말로 걱정을 하지 않게 해 주었던 남편이지만, 세월이 가는 것을 누가 있어 막을 수 있으랴! 진시황도 막지 못한 것을!

예전 같지 않은 남편의 모습을 볼 때면 착잡한 마음을 금할 수가 없다. 오로지 평생을 남편에게만 의지하며 살아왔던 자신이기에 남편이 없는 세상은 생각할 수도 없고 살아갈 자신은 더욱 없는 것이기에 젊었을 때부터 항상 남편에게 말해왔다. '당신보다 내가 먼저 갈 것이라고!'

아무리 효자 자식이라 하더라도 악처보다도 못 하다는 말들을 한다. 남편보다 먼저 가는 여자는 악처라고 말한다지만, 그래도 혼자서는 살 자신이 없기 때문에 차라리 악처이고 싶었다. 남편 먼저 보내고 혼자 산다는 것은 생각조차 할 수가 없기 때문이다. 내가 떠날 때는 남편의 무릎을 베고 떠나고 싶다고, 젊었을 때는 낯간지럽게 말해왔지만, 지금은 남편의 손이라도 잡고 가고 싶다는 것이 나의 조그만 마지막 소원이기도 하다.

지금 나이를 먹은 고목이 되어가고 있는 이때, 옛날처럼 여리지도 나약하지도 않지만 여전히 남편을 먼저 떠나보낼 자신이 없어, 남편에게는 미안해도 어쩔 수 없이 남편보다 먼저 떠나는 악처이기를 소원한다. 남편은 나를 위해서 늘 건강해야 되고, 나를 위해서 감기도 앓으면 안 된다는 것은 남편을 위해서가 아니라 나를 위한 이기심에서다.

그리고 이미 습관처럼 악처가 되기 위한 노력을 열심히 하고 있다. 젊었을 때는 몸에 좋다는 어떠한 약도 일체 사절했단 남편이었지만, 요즘은 챙겨드리는 것을 뭐라 하면서도 거절하지 않으니 다행이고 고맙다. 건강하게 오래오래 감기도 앓지 말고 살아주기를 마음속으로 항상 빌어본다.

그런데 얼마 전 남편의 충격적인 말을 들었다. 요즘 크게 좋을 것 없는 남편의 건강이었지만 생각지도 못했던 말을 한다. 이다음 어떤 경우가 있어도 요양병원 같은 곳은 가기 싫다고!

요양병원? 충격 그 자체였다. 근래 들어서서 내가 남편보다 오래 살 것이라고 남편이 말하는 것을 무심결에 듣고 속으로 말도 안 된다며 흘려버린 적은 있다. 그러나 그런 말을 남편이 할 줄은 꿈에도 몰랐다. 어떻게 그런 일이 있을 수 있을까.

그러나 나이 먹은 우리에게 결코 먼 후일의 일이 아닐 수 있다는 슬픈 현실! 그렇다!

내가 먼저 갈 것이라고 평생을 악처만을 꿈꿔왔던 자신이었지만, 이젠 마음을 바꾸어야 할 것 같다. 만약 내가 남편보다 더 오래 살게 된다면 평생을 남편에게 받기만 하며 살아왔던 것을 이제는 남편에게 갚으며 살아야겠다고 생각해 본다.

나의 부모님보다도 오히려 더 큰 사랑을 나에게 주었던 고마운 사람, 오로지 나를 위해 살아왔던 남편이었기에 평생을 받아왔던 사랑을 앞으로는 남편을 위해 아낌없이 되갚으며 살 것이라고 생각해 본다.

그런 일은 생각하기도 싫고 있어서도 안 되는 일이지만, 만일 남편이 정말 아픈 일이라도 있게 된다면, 나는 남편의 곁에 붙어 서서 남편의 손과 발이 될 것이고 남편의 입과 혀가 될 것이며 떠날 때는 나의 무릎을 베고 떠나게 하고 싶다고 마음속으로 생각해본다.

늦게나마 철이 들어 악처의 길에서 벗어나 진정한 아내가 되겠다고 생각한 지금, 자신의 결심에 스스로 아낌없는 박수를 보내고 싶다.

삶

인생은 짧다지만
치열하게 살아온
삶의 편린들
어찌어찌하여 짧다고만 할까요

점점이 얼룩진 피의 가슴
그 아픔의 질곡들
훈장으로 새겨진 주름진 얼굴

그래도
못 다한 말일랑
가슴속에 곱게 묻어 두련다

시부모 모시는 후배들에게

젊은 새색시가 시부모님을 모신다는 것이 어찌 그리 쉬운 일이겠는가. 어느 한쪽이 나빠서도 부족해서도 아니고 오랜 세월 남남으로 살아왔기에 서로가 적응해간다는 것이 쉬운 일이 아닐 것이다.

내가 처음 시부모님을 만났을 때도 잔뜩 긴장감이 들어있었지만 나이 들어 새 식구를 맞아들일 때에도 긴장하고 당황스러운 것은 오히려 더했는지 모르겠다. 왜냐하면 새삼스럽게 어른이라는 호칭부터 바뀌게 되니 어떻게 처신해야 할 것인가도 낯설고 어색한 일이었다. 차라리 며느리였을 때는 웃어른의 말씀만 잘 듣고 따르면 그만이었지만 시부모 입장이 되면 격식도 갖춰야 할 것 같고 윗사람으로서의 덕목도 갖추어야 할 것 같은데 아무것도 자신 있는 것이 없기 때문이다.

시골에 사셨던 우리 시부모님은 첫 혼사인 나를 맏며느리로 맞이하실 때 얼마나 힘드셨을까 생각하니 새삼 안쓰럽다는 생각까지 든다. 시골 가난한집에서 서울아가씨를 며느리로 맞이하시느라고 더욱 그러셨을 것 같다.

항상 말씀이 없으신 어머님과 배우 장동건 뺨치게 잘 생기신 우리 아버님!

평생 술을 좋아하시다보니 젊었을 때 쌀을 팔아 오시라며 드린 쌀을 장에 가지고 가셔서는 쌀을 팔아 술로 다 마시고 밤늦게 잔뜩 취해 오셨다고 한다. 평소에는 호인이신 아버님이지만 술만 마시면 주사가 심해서 술 취한 허구한 날을 집의 흙벽을 때려 부수고, 술 깨면 다시 바르시기를 반복 하셨다 한다. 아버님은 키도 크시고 힘도 좋으셨다. 병약한 몸에 외소하신 어머님은 내가 결혼해서 돌아가실 때까지도 심심치 않게 어머님 얼굴에는 아버님의 주먹의 흔적이 남아 퍼렇게 멍자국을 만들어놓곤 하셨다.

어머님이 돌아가시고 나서 몇 년의 세월이 흘렀을까 아버님은 항상 외출했다 돌아오실 때면 큰 소리로 인사하는 것을 좋아 하셨기에 아버님이 집에 들어오실 때엔 아이들과 함께 현관으로 내달아 나오며 "할아버지 오셨어요? 아버님 지금 들어오세요. 저녁은요?" 항상 하는 질문이었다.

아버님이 들어오실 때엔 항상 습관처럼 아버님의 안색부터 살펴본다. 만약 아버님이 눈을 아래로 내려뜨고 신을 벗으시는 날은 아무 일없는 날이고, 쌍꺼풀진 큰 눈이 충혈 된 채 위로 치켜뜨고 사방 둘러보시는 날은 비상이 걸려 바짝 긴장해야 하는 날이다. 나는 재빨리 외부와 연결된 베란다 문을 타닥타닥 닫으면 아버님은 예외 없이 베란다 문을 활짝활짝 열어 놓으시며 집이 떠나갈 듯 고함치신다.

그날도 그랬다. 아버님은 현관으로 인사 나간 우리들에게 사정없이 주먹을 날리시고 남편에게는 팔뚝을 사정없이 물어뜯어 지금까지도 영광의 흔적이 남아있지만, 그날 날리신 주먹에 나는 콧등을 맞아 코미디언 이주일 코처럼 비뚤어져 퍼렇게 멍들어 주저앉아 있었다. 주물러서 비뚤어진 코는 바로잡아 놓았지만.....

그날 맞는 순간, 아! 어머니가 맞다 돌아가신 것이 드디어 나한테 왔구나!

그 심하게 퍼렇게 멍든 코와 얼굴을 보면서 그 분하고 억울한 마음을 견딜 수가 없었다. 시할머님과 시부모님 그리고 시동생들과 시누이의 교육과 취직 결혼까지 모두 우리부부의 몫이었다. 그 힘든 세월을 불평하지 않고 살아왔기에, 하늘로 치솟는 그 분함과 억울함에 어찌할 바를 몰라 하늘로 길길이 뛰고 싶을 정도였고 용서할 수 없는 미움과 억울함이 내 속에 지옥불로 활활 타오르고 있었다.

그리고 오래도록 차지하고 있었던 멍자국이 차츰 옅어질 무렵의 어느 날이었을 것이다. 거실 소파에 앉아 무심히 창문 밖을 내다보다 문득 생각했다. 아~ 내가 나쁘고 자격 없음이구나! 남의 부모를 내 부모처럼 모시고 사는 사람도 있을 텐데, 내 부모하나 제대로 못 모신다는 것은 내가 나쁘고 자격 없음이다. 그렇게 나에게 잘못을 돌린 순간 내속에 들끓고 있던 억울하고 분했던 마음이 거짓말같이 사라지는 것이었다.

이제까지의 분했던 마음은 간곳이 없고, 마음이 더없이 맑고 평온해지며 크게 깨달을 수 있었다. 아버님을 원망할 때는 내 속에 지옥불로 이글거리던 것이 잘못을 나 자신에게 돌리는 순간 미움도 원망도 한순간에 말끔히 사라지고, 그 자리에 고요한 평화가 자리 잡고 있었다. 아버님도 그동안 많이 불편 하셨나보다.

그동안 상 차려 놓고 진지 드세요, 가 전부였으니까, 아마도 언제까지나 아버님에 대한 미움을 갖고 있었다면 내 마음의 평화는 오지 않았으리라. 그 후로는 아버님의 지나친 술 주사는 없어져 다시는 겪지 않게 되었다. 그 일을 겪으며 정신적으로 한층 성장했음을 느끼게 된다. 무엇이든 대가없이 얻어지는 것은 없는 법이니까.

사랑스럽고 아름다운 후배들이여!

여성들이기에 자식을 올바르게 키워내고 가정의 화목을 일구어내는 중추적 역할을 한다는 의미에서 조그만 긍지와 자부심을 가져도 좋을 것 같습니다.

그래도 많이 힘에 겹다면, 그렇다면 자신을 연마시키기 위한 하늘이 나에게 내려준 운명이라고 생각하면 어떨까요?

아마도 하늘은 당신만이 해낼 수 있는 일이기에 그 자리에 당신을 선택 했는지도 모릅니다. 용기와 희망을 가지고 당신을 사랑하시기 바랍니다.

어미 놀려먹는 아들

칼질을 하고 있는 내 옆으로 아들이 다가오더니 '어머니 조금 비뚤어지지 않았어요?' 한다.

'걱정 말아라 칼질에는 한석봉 어머니다.'

그랬더니 말함과 동시에 '불 꺼드릴게요' 하더니 바로 전기 스위치를 내려 깜깜하게 해주는 것이 아닌가. 한석봉 어머니가 아들과 불을 꺼놓고 떡 썰기와 붓글씨 쓰는 것을 비교했다는 고전으로 내려오는 이야기를 또 써먹은 것이다.

그러더니 어깨를 주물러준다.

'왜, 너 지금 찔리는 것 있니?'

'아유~ 어머니 지금 칼 들고 계시잖아요!' 이 녀석은 나이를 먹더니 자꾸 어미를 놀리려하고, 그것도 모자라 때론 늙은 어미를 데리고 놀려고 한다.

어제는 아파서 약을 지어 왔다고 말하니 대뜸 '맘 착해지는 약이요?' 그러더니 좀 지나쳤다 싶었던지, '어머니는 아무래도 약이 아니면 그렇게까지 착할 수는 없을 거예요' 언제나 병 주고 약주는 녀석, 얼마 전에는 친척 손주애기 돌이어서 차에서 내려 걸어가는데 아들 며느리가 뒤따라오면서 아들이 하는 말, '여자는 마음이 예뻐야 하는데 어머니는 외양이 예쁘니 참' 외양도 예쁠 것 없는 나에게 또 시비를 걸어오는 것이다.

돌아다보니 며느리는 웃고 있고 아들은 모르는 체 다른 곳을 바라보고 있다.

다음날 저녁 퇴근해 들어오더니 내 방문을 벌컥 열며하는 말 '다녀왔습니다. 엄마, 내가 아무래도 좀 귀여운 것 같애' '아냐, 너 하나도 귀엽지 않아, 산적 같애!'(아휴~ 10년 묵은 체증이 내려가는 것 같다) 처음으로 아들한테 보복한 기분이다.

어느 날인가는 혼자서 어두운 방에서 TV를 보고 있었는데, 아들이 다녀왔다고 인사 하더니, 눈 버린다며 불을 켜 주는 것이었다. 눈을 찡그리며 '아유 눈 부셔' 했더니, '어머니가 더 눈 부셔요' 한다. '그거야 충분히 알고 있지' 돌아서 나가며, '아유~ 힘들다'(내가 고로콤 대답 할 줄 몰랐지 롱^^)

몇 년 전에는 북 유럽을 12박 일정으로 다녀왔다. 며칠 후 외출 준비하는 나에게 '어머니 오늘 외출 하세요? 우리나라에서 지하철 타는 방법 잘 알고계세요?'

'글쎄 하도 오래전 일이라 가물가물 해서 잘 모르겠네^^'

한동안 이유 없이 혈압이 높아져 이상해서 혼자 중얼거렸다.

'왜 혈압이 160이 넘지?' 무심히 중얼거렸더니, 이 녀석은 어미를 걱정해주는 것이 아니라, 대뜸 한다는 소리가 '어머니 IQ 검사 하신 거죠?'

'응! 어떻게 알았어? 좀 낮게 나왔네!'

그렇게 웃고 말아야지 어찌 하겠는가.

요즘 사회에서는 다이어트 열풍들이 한참인데, 나는 반대로 부잣집 맏며느리가 되어가고 있다. 며느리는 바쁘기도 하고 온양에서 퇴근해서 오니 늦게야 집에 오기 때문에 특별한 경우를 빼고는 아들이 먼저 들어오는 경우가 많다.

그런데 아들이 일찍 오거나 쉬는 날에는 곧잘 음식을 만들어 선보인다. 아들이 만든 음식이 맛있다고 추켜세워 주었더니 쉬는 날이면 밤이고 낮이고 음식을 어미한테 들이민다.

그러지 않아도 입맛에 제동이 안 걸려서 힘 드는데 말이다.

입맛이 너무 좋아 큰일 났다고 하면 어머니가 키 크려고 그런다는 둥 때로 고맙다는 말이라도 할라치면 배꼽인사를 하라는 둥 제 어미를 아주 가지고 노는 것이 장난이 아니다.

요즘 바깥 형광등에 이상이 생겼는지 바로 켜지지 않고 한참 있어야 켜지기 때문에 '아무래도 손을 봐야 할까보다'라고 말했더니, 또 한다는 소리가 어머니 착한 사람들은 불이 금방 금방 켜져요 한다. 내가 웃고 말아야지.

한번은 너무 먹이려 해 견디다 못해 농담으로 말했다.

'왜 자꾸 음식을 먹이려 하니?'

'내가 이래 보여도 옛날엔 이슬만 먹던 사람이야!'

깜짝 놀란 듯 눈을 휘둥그렇게 뜨더니, 대뜸 한다는 말이 '참이슬(소주이름)이요?'

오늘도 아들한테 또 K.O패 당했다.

비껴간 유전인자

부모님의 탁월한 두뇌와 어머님의 빼어난 외모까지도 모두 비껴가버린 나는 집안의 못난 둥이 임에 틀림없다. 언니 오빠들이 모두 전교 1, 2등인데 반하여 나는 반에서 조차도 1등을 해본 적이 없으니까 말이다.

큰언니도 워낙 공부가 뛰어나다보니 전교일등은 물론 2등과의 격차도 엄청나기 때문에 김일성대학도 수석 입학했다는데 어렸을 적 집에서의 별명이 맹꽁이인 나는, 특출한 언니오빠들의 기에 눌려 더욱 꼼짝 못하고 맹꽁이 노릇을 했던 것 같다. 그래서였는지 나이 먹어서까지 얌전하다는 말을 달고 살았지만, 그 말은 가장 듣기 싫어하는 말이었다. 왜냐하면 서글서글하고 인간미가 풀풀 나는 사람이 이상형이었으니까. 그렇게 맹꽁이임에도 학교성적은 그리 나쁘지는 않았는지, 받아온 성적표를 보고 어머니와 언니들이 의외라는 듯 수군거리는 것을 보았다.

그러나 지금의 내 머리는 기능성은 전혀 없고 다만 구색 갖추노라고 장식품으로 달고 있는 것은 아닌가 싶을 정도로 기억력도 무엇도 형편없으니 생각 할수록 기가 막히는 노릇이다.

만물박사에 백과사전 이라는 별명을 가지셨던 아버님!

법 전공에서 외국어가 너무 재미있어서 전공을 외국어로 바꾸셨기 때문에 모국어를 제외한 5개 국어를 하셨다.

일본어는 물론 영어 불어 독일어 그리고 중국어까지 온통 섭렵하셨으며, 아버님은 평소에 한시도 좋아하셨지만 독어 불어 시를 즐겨 암송하시곤 하셨다. 못난이인 나는 외국어에 취미 없음은 물론 외국어 울렁증까지 있어서 낯선 사람이 나에게 유창한 외국어로 말해오면 내 귀에는 온통 잡음소리로 들리는 난처함까지 있기 때문에 평소 영어 잘하는 사람이 제일 부럽고 멋있어 보인다.

한때 아버님은 독립운동에도 가담하셨다는 말을 들었는데, 나중에 만주로 해서 독일로 유학을 떠나신다고 신의주에 오셨는데, 일본인에 의하여 뜻을 이루지 못하고 그곳 재판소에 근무를 하시게 되셨고 어머님과 결혼해서 우리들 8남매를 낳으셨다. 재판소에서 아버님은 주로 중국인들을 많이 상대 하셨다 한다.

어머님도 워낙 책을 좋아 하시고 기억력이 뛰어나시다 보니, 이광수의 소설은 물론 삼국지 옥루몽 수호지 할 것 없이 9살부터 읽으셨다는 그 많은 책들을 등장인물 이름까지 줄줄이 잊어버리는 일이 없어 우리들에게 교육시키실 때면 항상 재미있는 옛이야기를 예로 들며 훈육하시곤 하셨기에 우리들은 재미있는 이야기를 들으며 자라났지만, 그러면서도 예법에 조금이라도 어긋나기라도 하면 서릿발처럼 무섭기도 하셨다.

아마도 대한민국에서 첫째가는 가장 엄한 가정교육을 받고 자라난 집안이었을 것이다.

지금의 나의 모습은 풀어질 대로 풀어져 그때의 모습은 형체도 찾아볼 수가 없다. 아버님은 워낙 박학다식한 분이어서 처음 로켓이야기가 나왔을 때에도 우리들에게 로켓이 날아갈 수 있는 원리를 설명해 주셨으며 오빠들을 앉혀놓고는 관상은 물론 상에다 쌀을 부어놓고 산과 강을 만들어가며 풍수지리를 가르치기도 하셨다.

황해도 해주에서 "해주 검찰청 부검사장"을 끝으로 고향인 인천으로 내려오셨다. 아버님은 서릿발처럼 엄하시고 무서우셨지만 취미가 꽃 가꾸시고 분재 키우시는 것을 특히 좋아하셨다.

가끔 오빠친구들이 놀러오면, 카이 젤 수염의 아버님은 아무 말씀 없으셔도 절로 오금이 저려 꼼짝없이 무릎 꿇고 앉아있다 가는 상황이 벌어지곤 했다지만 엄한 속에서도 아버님의 위트와 유모는 아무도 따를 자가 없었고 표정하나도 변하지 않고 주변사람들을 웃겨 쓰러뜨리는 재주를 갖고 계셨다.

그래도 위로 언니들과 두 명의 오빠와 두 남동생사이에 태어난 막내딸인 나에게는 아버님이 고명딸이라고 특별히 아껴주셨지만, 그 고명딸은 그 좋은 유전인자를 모두 비껴 보내고 이리도 못난 모습인 채 살아가고 있으니, 부모님께도 너무도 죄송하고 부끄럽지만 나 스스로에게도 야속한 마음이 드는 것은 어쩔 수가 없다.

대가족 사랑

큰아들이 27세에 얻은 아들이 금년 8월 1일 카투사로 군 입대를 했다. 수능시험을 망쳤다며 전전긍긍 하더니 결국 k대학에 입학해 다니던 중 휴학계를 내고 군에 입대한 것이었다.

초등학교 1학년 여름방학 때는 아파트단지의 미취학 어린이들을 모아놓고 영어를 가르친다며 컴퓨터로 교재를 뽑아가지고 다니며, 때로는 야외수업을 하기도 하고 잘 하는 애들에게는 사탕등 상을 준다고 준비해 다니고 있었다.

때로 동네부인들이 장난으로 "선생님 우리아이도 좀 가르쳐주세요" 하면 장난끼 라고는 하나도 없는 정직한 얼굴로 대답했다. 네, 시간을 봐서 연락드릴게요. 또 다른 엄마는 선생님 돈을 안 받으시면 어떻게 해요? 아니에요, 한 동네에 살고 있고, 또 저한테 모두 잘 해주시기 때문에 받을 수 없다며, 정중하게 거절을 하는 것이었다.

겨울방학이 되었을 때, 아이들을 가르친다는 말이 없어서 애들 영어 안 가르치니? 하고 물었더니 그녀석의 생각지도 못했던 대답은 머리에 손을 얹고 위아래로 머리를 주억거리며, 아~유 혈압이 올라서요! 그 아이들이 선생님^^ 말씀을 듣지 않고 꽤나 말썽이었나 보다.

이제 겨우 8살짜리가 어떻게 혈압이란 말을 안다는 것인지.

아마도 손주는 어른들의 말 안 듣는다는 것이 어떤 것인 줄도 모르고 살아왔으니까.

이제까지 약삭빠른 것과는 거리가 먼 진실 가득한 요즘아이들 같지 않는 모습의 손주였다.

큰손주의 어린애답지 않은 여러 가지 모습은 대견한 가운데서도 나의 기대치를 높였기에 성장한 모습은 어떨까하고 성장한 그 모습이 빨리 보고 싶어지곤 했었다. 변함없이 잘 자라준 우리 손주! 듬직하고 권모술수 모르는 질그릇 같은 진실 된 넉넉함 속에 도자기의 기품을 갖추고 있는 손주! 며느리가 열 달 내내 기도 속에서 태어난 귀한 손자 손녀였다.

금년에 E여고에 들어간 손녀는, 이다음 커서 대법원장이 꿈이라는 당찬 포부를 갖고 있는 이 녀석은 학교에 들어가면서부터 벌써 명물로 자리매김을 하고 있다. 며칠 전에는 손주가 할아버지 "목욕 같이 가셔서 때 밀어 드릴게요" 할아버지는 그러한 손자가 대견하기만 하다.

얼마 전 핸드폰을 이리저리 뒤지는 손주를 보고 아들이 핸드폰 바꾸려고?

아뇨, 할머니 핸드폰 바꿔드리려고 찾고 있는 중이예요.

내 핸드폰이 가장자리가 벗겨진 것을 보았나보다, 그냥 쓸 때까지 쓰려고 했는데 말이다.

어머니, 손주가 저를 닮지 않아서 착해요.

그래 너 안 닮아서 착하다. 저는 어머니가 교육 시켰고 손주는 제가 교육시켜서 그런가 봐요.

에이~ 나쁜 녀석, 오늘 또 한방 먹었다.

손자 손녀를 돌봐야한다는 핑계로 자식들을 놓지 못하고 있는 이 할미와 할아버지는 여건이 허락하는 한, 언제까지나 이 대가족 속에서 서로 끌어 앉고 얽히고설키며 살아가고 싶다.

혈육 같은 동생

너의 고운자태 어디가고
의식 없이 누어있는가
운명일까?

믿을 수없는 이 현실
너를 치고 갔다는
젊은이의 오토바이가 원망스럽구나

꿈이기를, 꿈이기를
간절히 기도해 보아도
의식 없는 너!

어쩌란 말이냐
어찌해야 한단 말이냐
되돌릴 수없는 이 아픔을

듣느냐 너를 사랑하는 사람들의
간절한 기도와
애통함을,

일어나거라
어서 일어나거라
사랑하는 나의 동생아!

네가 좋아했던
노래방도,
꿈꾸던 여행도 함께 가고 싶구나!

나는 남편바보

남편은 날보고 남편바보라고 한다.

그 말을 듣고 내가 웃는 것을 보면 남편바보임에 틀림없다. 요즘 세상에 젊지도 않은 나이에 있을 수 있는 일인가? 아니 어쩌면 할머니 나이이기에 가능한 것인지 모르겠다. 왜냐하면 늙으면 자식들 전부 떠나보내고 서로의 소중함을 느끼고 서로 의지하며 살게 될 테니까. 하지만 젊은 사람들이 들으면 놀라움을 넘어 경악을 금치 못 할 것 같다.

사실 내가 40대였을 때만해도 잘난 것도 없는 주제에 남편이 다음 세상에 또 만나 부부가 되자고 하면 나는 곤혹스러워하며 그때 봐서, 그때 봐서 하면서 대답을 피하곤 했더니 다음부터는 그런 말이 없어졌다.

마음속으로는 더 키도 크고 멋있는 사람을 만나야지 하는 속마음이 있었던 것이었지만, 지금 생각하면 참으로 어리석고 주제파악이 안 되었던 것이었다. 그렇게 멋있고 좋은 사람이 왜 나와 결혼하겠는가. 자기 분수는 모르고 허황된 생각만 했으니 이제라도 알았다는 것은 참으로 다행한 일이다.

이젠 정신 차리고 남편바보까지 되었으니 사람은 나이를 먹어봐야 철도 드는 모양이다. 지금은 남편바보까지 되어있으니 그 누구보다도 나 스스로가 행복한 것이다.

사랑은 받는 사람도 행복하지만 사랑을 주고 있는 사람은 더욱 행복하고 축복인 것인데 무엇을 더 바랄 것인가. 사랑이 내 마음에 가득 했을 때의 충만감과 행복을 그 누구보다도 본인이 더 잘 아는 것이기에 나는 굳이 미움을 품어 내 마음에 지옥을 만들고 주름을 만들 필요가 없다고 생각한다.

그것을 알기에 나는 내가 착해서가 아니라 내가 행복해지기 위해서도 상대가 어느 누구든 간에 미움을 품지 않고 사랑을 품으며 모두를 사랑하는 눈과 마음으로 보려고 노력한다.

예전에 지독히도 가난했던 남편, 나는 그 남편을 선택 했었다. 그 가난이 어떤 면에서는 신선하게까지 느껴졌던 젊은 날이었다. 지금 생각해 보면 입가에 웃음이 절로 지어진다.

그만큼 나 자신도 때 묻지 않고 순수했는지 모른다. 나는 젊음과 능력만 있으면 모든 것이 다 가능할 것을 믿었기에 그리고 인간이 완벽하게 욕심을 다 채우고 살 수는 없는 것이기 때문에 그 중에 나는 가난을 선택 했었다.

가난 했지만 품성이 좋고 성실한 남편이었다. 가난한 남편을 처음 만났을 때, 원래 패물에 크게 관심이 없었던 나는 가난한 상태에서 결혼반지 같은 것에 돈을 투자 하고 싶은 생각이 없었다.

그래서 생각해낸 것이 길가에 좌판에 놓고 파는(내 눈에는 백금이나 니켈이나 별반 차이 있어 보이지 않았다.) 100원이나 200원하는 아무도 결혼반지로 쓰지 않을 것을 나만의 반지로 하는 것도 괜찮다고 생각했기에 어른들께는 말 할 필요 없이 우리 둘만의 약속으로 결혼예물로는 아무도 갖지 않을 그 반지를 누구보다도 소중히 간직하리라 생각하고는 그 나만의 의미 있는 반지를 사 달라고 말 했었다.

사실 결혼예물이라면 팔수도 없을뿐더러 팔게 되는 일이 있어도 안 되는 것이 아닌가. 그렇게 유통 할 수 없는 물건이라면 생명력이 없는 듯이 느껴지고 그 사랑의 정표가 반드시 비싸야만 된다고 생각하지 않았다.

남이 갖지 않는 두 사람만의 것일 때 더욱 소중한 것은 아닐까 생각되어진다. 두 사람의 뜻만 맞는다면 그 물건이 아무리 돈 가치론 보잘 것 없는 것일지라도 그 무엇보다 소중한 것이리라 생각한다.

그렇게 해서 비싼 물건을 손가락에 끼고 있기 보다는 가난했기에 차라리 그 돈으로 쌀과 연탄을 가득 쌓아 놓는다면 그것이 오히려 더 큰 효용가치가 있는 것이라 생각되었기 때문이다. 그래도 그럴 수 없었던지 남편은 나에게 사파이어 반지를 끼워 주었다.

하늘아래 1번지 금호동 산꼭대기에 부엌도 가리개로 슬쩍 둘러쳐있고 부뚜막 없는 사글세 집에서 신혼을 시작했다.

결혼 전 회계사1차 시험을 합격해 놓았던 남편은 결혼 얼마 후부터 2차 시험공부를 시작했다. 시험일이 가까워짐에 따라 당시 한일은행 성동지점 영업부에서 바쁘게 근무하던 남편을 형부한테 말해 한일은행 본점 바쁘지 않은 신탁부로 옮겨 놓고는 공부에 전념했다.

남편은 새벽별을 보고 나갔다가 밤별을 보며 집에 돌아왔다.

출근하기 전학원에 가고 퇴근 후 학원에 갔기 때문이다. 특별한 영양섭취도 제대로 못하는 남편의 지친 뒷모습을 볼 때면, 이렇게까지 공부를 해야만 하는 것일까 하고 말리고 싶은 생각까지 들기도 했지만, 마음먹고 하는 것이기에 그저 바라볼 수밖에 없었다. 마음은 짠하고 안 되었지만 뒤에서 조용히 응원하며 지켜보는 것이 전부였다.

물론 언니들이 때로 음식을 해 나르기도 했었지만 고작 내가 남편을 위해 하는 것이란 새벽이면 시간 맞춰 살금살금 부엌으로 나와 아침밥 올려놓고 시간 맞추어 비누와 따끈한 물을 떠 가지고 방에 들어가 곤히 잠들어 있는 남편 얼굴에 따뜻한 비누거품을 잔뜩 묻혀 놓고는 면도를 시작했다.

면도가 끝나면 칫솔에 치약을 묻혀 양치를 시작한다.

서서히 속잠이 깨고 있었던 남편은 치약이 목으로 넘어가게 되었을 때쯤, 벌떡 일어나 떠놓은 따뜻한 물에 세수까지 하고 나면 번개같이 아침식사를 끝내고 아직 새벽별이 떠있는 어두컴컴한 새벽을 뚫고 나갈 때면, 자그만 체구에 넓을 것 없는 남편의 어깨가 가엾고 안쓰러워 보였다.

만약에 시험에 떨어지기라도 한다면 주변사람이나 처가 쪽에 얼마나 체면이 안서고 자존심이 상할까 생각하니 조바심이 생기고, 시험일이 가까워지면서 허니문베비로 배가 불러있던 나는 어디 마음대로 간다는 것도 자유스럽지 않은 상태였기에 기도만이 절로 간절해졌다.

남편은 6살에 강습소에서 일본어를 떼고 7살에 서당에서 천

자문을 떼었다고 가끔 자랑스럽게 말하고는 했다. 제일 왜소했던 남편은 서당에서 공부가 끝나고 나면 집 쪽을 향해 허리를 굽혔다 폈다 하면서 크게 울면 할머님이 뛰어가셔서 업고 집에 오셨다 한다.

어린 손자는 할머님 앞에서 꽤나 응석을 부렸던 모양이다. 어렸을 적 남편은 업히는 것을 하도 좋아해서 아무리 아파도 업어주면 아프던 것이 씻은 듯 나았다고 한다.

그렇게 무지랭이로 태어난 남편은 한때 우리나라 인명사전에도 등장했었으니 그만하면 내가 소망했던 가난하더라도 능력 있는 남편을 원했던 내 소망이 이루어진 것은 아니었을까 하는 생각이 된다. 하지만 남편은 그 보다도 젊었을 적부터 오랫동안, "세무와 회계"라는 월간지에 글을 실었던 것이 잘 쓴 논문으로 뽑혀 책으로 나온 것을 더 좋아하는 것 같았다. 그리고 내가 큰아들을 낳던 날 고맙게도 남편은 공인회계사 자격증을 나에게 안겨 주었다.

그래도 그다지 남편을 사랑한 것 같지는 않았는데, 나이를 먹어 황혼에 이룰수록 나는 남편바보가 되어가는 것 같다.

이제 생각해보니 아무래도 내생에 남편을 또 만나게 되면 내가 적극적으로 남편을 붙잡아야 할 것 같다. 항상 남에게 친절한 남편은 집에서도 언제나 애처가 남편이었지만, 그래도 어느 해인가는 이혼 당하는 줄 알았던 때도 있었다. 오랫동안 국영기업체에 근무했던 남편은 회계사인 관계로 경리부장직을 오랫동안 맡고 있었지만, 사장님이 바뀔 때마다 바뀐다는 그 경리부장직을 사장님이 3명 바뀔 동안까지도 그 직책을 떠나지 못하고 있었다.

그곳을 벗어났어도 사회에서 흔히 말하는 돈 많이 생긴다는 영업부장, 심사부장직을 맡았었기에 돈 유혹도 많았나보다. 한 번은 초인종소리에 나가보니 젊은 운전기사로 보이는 사람이 잔뜩 선물 꾸러미를 놓고 1층으로 뛰어 내려가는 것이었다. 내가 여자인 몸으로 긴 홈웨어를 입고 있었기에 물건을 들고 3층에서 뛰어 내려갈 수도 없을뿐더러 예전에도 남편이 집에 가지고 온 물건을 다시 회사에 가지고가 되돌려 준적도 있었기에 크게 걱정하지 않았었다.

그러나 그때의 물건은 꽤나 힘들고 골치 아픈 일이었던지, 저녁에 퇴근해 들어온 남편이 노발대발하는 것이 장난이 아니었다. 하도 경황없는 상황에서 억울하게 당한 일이었지만 어쩔 수 없었던 그때의 일이 지금 생각해도 억울하다.

그때는 참으로 여러 가지 많은 일이 있어서 그런 때는 내 이름 한 글자, 남편이름 한 글자를 써서 다시 반송했다고 한다. 그렇게 강직한 남편이었건만 남편을 모르고 있는 대부분의 사람들은 요직에만 있었던 남편이 꽤 많은 부자일 것으로 오해하는 사람들이 많다. 그랬었다면 나도 꽤 여유 있는 생활을 즐겼으리라.

그리고 남편이 모든 공직에서 물러났던 그 다음날, 거실의 찬 바닥에 속옷 바람에 큰 대자로 누워서 한말 "아~그 많은 유혹 다 물리쳤다"라고 통쾌하고 가슴 후련한 듯 말 할 때, 남편이 얼마나 외로운 싸움을 했었던가를 느낄 수 있었다.

지금은 멀어진 옛날! 아직도 남편은 식구들 먹여 살리느라 출근하기에 바쁘고 나는 아들손자 며느리 앞에서 주책 부리기에 바쁘다.

뜬금없이 "여보 사랑해"라고 내 농담 섞인 말에 모두들 한바탕 웃지만, 아무래도 나는 아들 며느리가 포기한 왕 주책인 시어미임에 틀림없다.

이젠 어쩔 수 없는 남편바보가 되어 있으니까 말이다.

맏며느리의 권리

건강하고 호탕하신 성격에 잘 생기시기 까지 하신 우리 아버님은 이상하게도 설악산에만 모시고 가면 병이 나곤 하신다.

어느 해인가 두 번째로 무심히 설악산을 모시고 갔었는데, 그 때는 장출혈이 있어 급히 서울에 와 병원에 입원 하시는 일이 생겼다. 그때 옆 침대에는 아버님 보다 2살 아래이신 노인 한분이 입원해 계셨다. 그 분은 주름진 얼굴 가득히 웃으시며 농사지어 4남매 중 아들 셋을 모두 대학졸업 시켰다며 아주 흐뭇하고 자랑스러워하고 계셨다.

고등학교 선생님이신 큰아들은 퇴근하면 아버지 옆에서 말없이 기저귀를 갈아드리며 지극 정성을 다 쏟는 효자였다.

나 보다 한 살 위인 큰며느리는 너무도 어두운 얼굴로 와서는 벽면의 라제타에 몸을 기대고 서 있다가 말없이 가곤 하는 것 이였다. 나중에 알고 보니 큰아들은 딸 세자매만 있는 그 며느리 집에서 가정교사를 했었다고 한다.

그 중에서 큰딸과 결혼했던 것이다.

그녀는 나 같으면 차마 못했을 말들을 스스럼없이 하는 그 솔직함이 대단하게 느껴졌다. 그 솔직함에 당황했고 그렇지 못한 내가 이중성격자인가 곰곰이 생각해 보기도 했다.

사이가 각별한 시 부모님들은 병든 시어머님을 간호 하시다가 시아버님이 병이 나서서 쓰러지신 것이었다.

혼자계신 시어머님을 우선 따님 댁에 모신 것을 시아버님의 성화에 겨우 큰아드님 댁에 모시긴 했지만, 편찮으신 시아버님의 문제도 있고 해서 전전긍긍 어찌할 바를 몰라 하고 있었다. 그녀 말이 둘째 시동생이 아주 부유하게 잘 산다고 했다.

그래서 내가 말했었다. 가족회의를 여세요, 그래서 시동생들 보고 돈을 내 놓겠느냐 아님 부모님을 모시겠느냐 하면 틀림없이 돈을 내 놓겠다 할 테니까, 그러면 그 돈을 받아서 도우미를 두고 부모님은 내가 모시라고 말했다.

맏며느리가 부모님을 모시는 것은 의무가 아니고 권리라고 생각하라고!

내 권리를 내가 가져야지 시동생에게 빼앗기지 말라고 했다. (의무라고 생각 하면 무겁고 힘들게 느낄 수 있는 것도 권리라고 생각하면 보다 가볍고 때론 즐거움과 보람도 느낄 수 있으니) 당신이 당신 권리를 찾으라고 했다.

피할 수 없는 일이라면 즐기라는 말도 있지 않은가.

맏이가 맏이 노릇을 할 때만이 떳떳한 법이라고 말이다. 더욱이 그녀는 친정아버지가 일찍 혼자 되셨고 애인도 있었지만 세 딸의 완강한 반대에 부딪혀 재혼도 못해보고 62세에 쓸쓸히 생을 마치신 것을 후회 한다고 했다.

후회는 얼마나 가슴 아픈 일인가, 돌이킬 수 없는 것이기에 더욱 가슴 아프고 뼈가 아픈 것인데, 왜 또 다시 후회를 만들려 하느냐고 말이다.

만약 부모님이 돌아가시고 나면 효자인 남편도 가슴 아파할 것이고, 그녀의 하나 밖에 없는 아들은 이다음에 커서 엄마와 똑같이 할 것이라고 엄마에게 엄포를 놓으며 화를 낸다고 했다.

예전에 그 시 어머님은 그 큰며느리가 귀하고 예뻐서 속옷이며 신발까지 아침이면 다 빨고 닦아 놓으셨다고 했다.

그 시어머님을 이제 부터는 남편이 시켜드리는 목욕을 남편 손에 맡기지 말고 당신이 직접 목욕도 시켜드리며 피부가 깨끗하고 예쁘다는 시어머님께 칭찬도 하고 장난도 치면서 목욕 시켜 드리라고 했다. 만약 하다가 힘들면 내가 돕겠으니 말하라고 했었다.

나는 짧지 않은 세월 어렵게는 살아왔지만, 그랬었기에 더 떳떳하고 지금은 내 양 어깨에 보이지 않는 견장이 달려 있는 것처럼 느껴진다고 했다(말 할 당시에는 그랬었다) 하지만 그것은 무던하고 성격 좋은 시댁식구들이 있어 가능 했겠지만, 나보다 2살 아래인 큰시누이도 나와 동갑인 시누이 남편까지도 나에게 깍듯이 잘 했으니 그 밑 시누이 시동생이야 말할 필요가 있었을까, 내가 넘치게 인복을 많이 타고 난 사람임에 틀림없다. 그러한 나도 아버님 말년에는 힘이 좀 들었었다.

혼자이신 아버님이 가까이 지내는 여자 분은 있으셨다지만, 인간의 외로움은 어쩔 수 없는 것이기에 외로움 탓인지, 아님 치매가 오신 것인지 그도 아님 이젠 우리 집에 싫증이 나셨는지, 노년에는 우리부부를 많이도 힘들게 하시곤 하셨다.

지금은 모두 지나간 옛 이야기다 노인들은 밤에 출출 하시다는 말을 들었기에 밤마다 자리끼인 물과 아버님이 좋아하신 날계란 2알 그리고 과일이며 빵, 떡 등을 쟁반에 차려 들여가곤 했다. 우리 아버님은 하루 종일 드시는 음식보다도 밤에 수시로 깨셔서 드시는 양이 더 많곤 하셨다 그래도 90을 넘기셨으니 대단하신 분이신 것 같다. 지금 생각해 보면 그 때가 꿈인 것만 같다.

후에 들은 얘기로는 그 때의 병상에서의 노인 분은 아들 며느리가 버스를 대절해서 시골 동네사람 모두를 불러 면회시켜 드리고 신부님께 영세도 받게 해드리고 아주 편안하고 행복하게 돌아 가셨다고 한다.

지금쯤 그녀는 환한 얼굴로 밝은 미소를 지으며 열심히 쇼핑하고 다닐는지 모르겠다. 한번 보고 싶다.

딸 부럽지 않은 아들

딸 많은 집 막내로 태어난 때문인지 딸을 잘 낳으리라고 생각 했었다. 그런데 아들 둘을 연거푸 낳았을 때 사람들은 아들보다 딸 키우는 재미가 좋다며 딸을 하나 더 낳으라고들 했다.

그러나 할머님을 비롯해서 부모님과 시누이 시동생 모두 남편의 몫이 아니었다면 어쩌면 딸 하나 더 낳고 싶었을지 모르지만, 우리는 더 이상은 낳지 않기로 마음먹었다. 사람들은 계속 딸 없는 것에 아쉬워들 했지만 아마도 나에게 없는 것을 탐하지 않게 된 것이 이때부터 이었는지 모르겠다.

나에게 주어진 생명에 대해서는 소중하고 감사하게 생각하지만, 나에게 없는 것에 대해서까지 미련을 가질 필요가 없다고 생각했다.

내 아들을 두고 딸을 그리워한다면 그것은 내 아들에 대한 모독같이도 느껴졌다. 이 세상에 애기를 갖고 싶어도 못 갖는 사람들도 많은데, 나는 아들들이 있어 얼마나 감사하고 고마운 일인가!

그리고 그 아들들은 얼마나 무럭무럭 잘 자라 주었던가!

아들들이기에 남들 하는 태권도와 합기도를 시켜 주었더니 싫증내는 일없이 잘도 해 주었다. 고등학교 때는 씨름선수 이만기를 닮았다 하여 별명이 이만기라는 별명도 있었지만 몸집에 비해 빠르고 민첩하여 날아다니는 돈가스라는 별명도 들었고 당당한 몸집에 검은 피부와 검은 눈썹 그리고 턱 수염이 많다보니 산적이라는 별명까지도 따라 다녔지만, 내가 보기에도 몸집은 비록 이만기 만큼은 아니었지만 그래도 얼굴은 이만기와 많이 닮아 보였다.

운동을 배운 때문이겠지만 몸이 비호같이 빠른 관계로, 친구들과 계곡에 놀러가서 시비라도 붙을라치면 몸을 훌쩍 날려 발로 양쪽사람 가슴을 가격하여 넘어뜨리기 때문에 상대가 깡패라도 혼비백산 도망간다는 것이다.

산적 이라는 별명이 붙은 아들임에도 불구하고 유머는 말할 것도 없고 애교 또한 만만치가 않다. 그 유머도 너무 지나쳐서 사람이 진실성이 없어 보인다고 주의까지 준적도 있지만, 우리 집은 항상 그 아들로 인해서 웃게 만든다.

몇 일전 에도 내가 문학반 숙제를 하느라고 컴퓨터 앞에 앉아 낑낑대는 모습을 퇴근해 들어오다 보고는 "아유~ 울 엄마 노벨상 받으시겠네" 어이없는 그 말에 또 웃어 버리고 말았다.

금년에 대학 들어간 큰손주가 몇 년 전 자기 아빠와 무슨 얘기 중이었는지, 아빠! 저 아직 사춘기예요! 했더니 키 176cm의 아들이 키 180cm의 손주를 쳐다보며 대뜸 하는 말이, 오! 그래, 너 사춘기니? 나는 갱년기다! 너 갱년기 경험해 봤어? 난 사춘기 경험해 봤다! 그렇게 우리 큰 손주한테 들이대니 우리 큰손주도 어이없어 돌아설 수밖에!

우리 큰손주는 작년 입시생이었지만 그 힘든 시간들을 한 번도 짜증내거나 화내는 일 없이 잘 견뎌주었다. 믿음직한 손주는 매일 화장실에 들어가서 샤워할 때도 욕실 밖까지 콧노래가 흘러나오게 하여 나를 흐뭇하게 안심시켜 주곤 했다. 항상 집안에서 부모와 식구들에게 분위기 메이커 역할을 하는 큰아들은 퇴근길에 술이 거나하게 취해 오는 날이면 저녁 세안 후 크림 묻은 내 얼굴에 온통 뽀뽀를 하는 바람에 나를 질색하게 만들곤 한다.

미식가인 큰아들은 가벼운 정도의 간식은 제법 삼빡하고 맛있게 잘 만든다. 저녁 다 먹은 후에 퇴근해 와서는 토스트다 뭐다 만들어 와서는 배부른 나에게 한사코 먹이려 하고 나는 뿌리치기 바쁘다보니 이젠 막무가내로 손녀딸한테 까지 들려 보내니 차마 뿌리치지 못하고 조금이라도 먹어야한다.

그럴 때 보면 큰아들은 우리 집의 막가파다.

나는 평소 불면증이 있어서인지 때로 못 자던 잠이 몰려들 때가 있다. 왜 이리 자꾸 졸릴까 하면 그럴 때 아들 녀석 하는 말, 어머니가 키 크려고 그러시는 거예요 한다. 이제 나이를 먹어 오히려 키도 작아지고 있건만 키가 커지려고 그런다니 어이없어 또 웃는 수밖에 없다.

며칠 전에는 아들이 "마미, 마미" 부르며 옆을 지나간다. 뒤돌아서 걸어가는 뒷모습을 보았더니 반쯤내린 반바지에 통통한 궁둥이를 내놓고 씰룩 씰룩 오리 궁둥이 춤을 추면서 가고 있는 것이 아닌가!

어찌나 그 모습이 우습기도 하고 귀엽던지 옛날 큰애 키울 때 생각이 난다. 옛날 큰애가 말 배울 때 쉬를 시키면서 엄마

몇 살까지 보여줄 거야? 10살? 스무 살? 서른 살? 마흔 살? 쉰, 예순?

그럴 때 나이에 대한 아무런 의미도 모르면서 계속 대답하며 고개를 끄덕이는 모습을 보며, 나는 계속 놀란 척 점점 눈을 동그랗게 크게 뜨고 손까지 동원하며 놀라는 모습을 하면 그 모습이 재미있어 유난히 치열이 희고 고왔던 큰애가 까르르 까르르 웃으며, 웃음이 턱까지 차올라 뒤로 주저앉기 까지 하던, 그때의 모습이 생각나 지금도 나를 미소 짓게 만든다.

옛날 내가 두 번째 아기를 가진 것을 알았을 때, 이번에는 딸일 것이라 생각하여 3살짜리 우리 큰애를 데리고 시집올 때 가지고 온 스텐대야를 깨끗이 씻어 맑은 큰애 세숫물을 받아 놓고는 같이 기도를 했다.

유난히 까맣고 긴 속눈썹의 아가는 억지로 눈을 감으려니, 감은 두 눈이 가물가물 움직이며 고물고물 잡은 두 손을 겨우 엇잡고는 조그만 입을 꼬물거리며 기도를 했다. "예쁜 아가 낳게 해 주세요!"라고.

그 기도하는 모습이 너무도 귀엽고 예뻐서 비록 가난하고 힘든 생활 이었지만, 그것을 보는 나를 행복하게 해 주는 일상이었다. 기도가 끝나면 그 물에 우리큰애 얼굴과 손과 발을 깨끗이 씻겨 주곤 했던 그 때가 엊그제 같이만 생각된다.

그런데 달이 차서 낳고 보니 또 아들이었다. 시골에서 아버님은 아들 낳았다는 소식에 춤을 추셨다지만, 나는 내가 아들 낳았다는 사실이 낳아 놓고도 믿어지지가 않았다. 그 뿐이 아니었다. 만약 딸이었다면 어쨌을까 싶을 정도로 우뚝한 콧날에, 큼지막한 입술을 가진 누가 봐도 사내아이의 얼굴이었다.

피부색은 남편을 닮아 흰 피부였지만, 정말 딸이었다면 어쩔 뻔했는가 싶다. 지금 40대 중반을 넘어선 내 아들이 여과 없이 자신의 뒤 자태를 보이며 씰룩 씰룩 오리궁둥이 춤을 추는 것을 보며 아련한 옛 추억에 젖게 만든다.

세상에 어느 딸도 어미 앞에서 그런 행동을 보이지는 않을 것 같다. 애교 많은 것 빼고는 모든 면에서 우리 친정아버님을 많이 닮아 유머와 언변이 넘치는 큰아들, 우리 곁을 지켜주는 이런 아들이 있어 얼마나 든든한 일인지 모른다.

오늘도 이른 새벽에 바빠서 동동걸음 칠 때 지하철역까지 데려다 준 아들에게 "고맙데이~" 했더니 놓치지 않고 또 하는 말 "배꼽인사~" 하고 또 웃긴다.

나는 감사 합니다 안녕히 가세요, 하고 유치원생들이 하는 배꼽인사를 아들에게 하고는 둘이서 한바탕 웃었다.

오늘도 없는 딸 부러워하지 않고 내 자식들을 아끼고 사랑하며 잘 살아가고 있으니, 그러한 오늘을 감사, 감사, 또 감사하며 살고 있다.

새벽달

초겨울 새벽
맑은 초승달
시린 눈으로 달을 보며
파아란 미래를 꿈꾸던
그 옛날의
까만 눈망울의 소녀

지금은
이승과 저승만큼이나 먼 먼 거리

서리 내리기 시작한
머리를 이고 서서
오늘도
눈빛 가득히
그날의 초승달 보며
내일을 품고 서있는가

3부

나의 꿈과 소망

남편이 정년퇴임 하면서 고향인 충남 온양에 회계사 사무실을 차렸다. 남편 친구들이 고향에 나란히 함께 집짓고 살자하여 사놓은 땅이 지금의 땅이다. 영인 휴양림을 이웃하고 있는 이곳은 그 중에서도 가장 반듯하고 예쁜 땅이다.

옆으로 맑은 실개천이 흐르고 실개천을 따라 구불구불한 길에 소나무가 성글게 서있는 그곳은 뒤쪽으로 산이 둘러싸고 있어 밤이면 산토끼와 노루가 내려와 쓰레기통을 뒤진다고 한다. 깊은 산골은 아니라서 멧돼지는 없겠지만, 혹 있다 하여도 멧돼지는 펼쳐져있는 우산을 보면 도망간다는 말을 들었기 때문에, 한번 시험해 보고도 싶다.

낮엔 길가에 꿩이 날아와 앉아 인기척에도 호들갑 떨며 날려고 하지 않는다. 50M쯤 아래쪽엔 낚시터가 자리 잡고 있어 늘 푸른 물이 조용히 일렁이는 것이 보인다.

이곳 넓지 않은 우리 땅에 조그맣고 깨끗한 2층집을 짓고, 벽난로와 황토방도 만들어 놓고, 울타리 밖에는 빨갛고 예쁜 우체통도 하나 세워 놓고 싶다.

울타리 문을 열고 들어오면, 안채로 향한 뜰 위에 징검다리 디딤돌로 무늬를 놓고, 그 나머지는 꽃과 채소를 심어놓아 친구들이 오면, 조촐한 밥상에 물 뚝뚝 돋는 상추, 쑥갓, 풋고추에 고기 몇 점 구어 놓고 입에는 웃음가득 상추가득 웃음꽃을 피우며 새 지저귀는 소리, 바람소리 들으며 그렇게 살고 싶다.

그런데 남편은 처음과는 다르게 온양에서 살게 되어도 그 곳은 눈 쌓인 겨울에 다니기가 힘들어 싫다는 것이다. 내가 평생 남편 뜻을 따르며 살아왔지만, 나는 그 어떤 궁궐도 싫다.

단 하루를 살아도 이곳에서 살고 싶은 것이다.

나는 벌써부터 예쁜 찻잔이며 주방용품, 목욕제품, 심지어는 예쁜 쓰레기통까지도 꼭꼭 싸놓고 그날을 기다리고 있다. 그날만을.....

90세까지 사무실을 운용하겠다는 남편을 위해서도 나는 꼭 이곳 온양에 집 짓고 살 것이다. 그래서 잠이 오지 않는 밤이면 뜰에 내려앉은 달빛을 밟고 이슬을 적시며, 달빛에 반짝이는 작은 잎새들 사이를 걷고 싶다. 그렇게 걸으며 가지도 만져보고, 호박도 쓰다듬어 주며 이슬에 옷자락이 다 젖도록, 조그만 밭 사이사이를 걸으며 내 조그만 생명들과 얘기를 나누고 싶다. 그리고 내 조그만 뜰에는 잎이 커다란 토란도 심고, 한 철이지만 커다랗고 소담스러운 꽃을 피워내는 꽃의 여왕인 모란도 심고 싶다.

우리 집 장미울타리 밖으로는 개천 둑을 따라 이팝나무로 하얗게 수놓을 예정이다. 뜰을 가로 지르는 긴 빨래 줄을 매어놓고, 가없는 파란 하늘아래 눈이 부시게 하얀 빨래를 가득 널어 바람에 펄럭이며 춤을 추는 평화로운 모습도 내가 아낙으로서 누리고 싶은 모습중의 하나다. 그리고 아침이면 장미 울타리 밖까지 남편을 배웅할 것이다.

오늘도 나는 꿈을 꾼다.

꿈속에서 우아하고 고고한 학 한 마리 내 뜰에 내려와 머물러 주었으면 하는 즐거운 상상과 함께 나의 소박한 소망이 이루어지는 그날을 위해 언제나 최선을 다하는 삶이기를 기도하면서 오늘도 즐겁게 콧노래를 불러본다.

가을속의 나

캐나다에 있는 친구한테서 전화가 왔다. 캐나다에는 지금 가을이 한창 아름답게 물들고 있다고 한다. 너는 지금 어떻게 지내느냐고! 항상 가을을 혹독하게 치루고 있는 나를 알고 있기에 친구가 안부 전화를 한 것이다. 입추가 지났지만 아직 여름의 잔해가 남아 미적 거리고 있는 가을!

추석 다음날인 오늘 몇 달 만에 안산 산책로를 따라 걸어 보았더니 아직도 산 빛은 푸르기만 하다. 아직도 가을은 더 기다려야만 하나보다. 나는 항상 가을이 오는 그 첫날을 알고 있다고 말해 왔는데, 내 마음 속에도 가을이 온 것을 아직 모르겠다. 가을의 첫날은 긴 장마가 끝나고 나면 하늘은 드높이 파랗게 활짝 열리고, 엷은 햇살이 비스듬히 땅에 떨어지고, 맑은 바람 한 자락 내 옷깃을 휘어감을 때면 가을이 온 것을 느낀다.

이때부터 나의 가을앓이는 시작된다.

몇 년 전 어느 가을날 사철 즐겁기만 한 친구가 힘들다는 나를 보며 가을이 어떻기에 그리 힘드냐고 물어왔다.

그래서 대답해 주었다. 가을에는 가슴이 뻥~ 뚫리고 그리로 바람이 들락~ 날락 한다고!

그런 때의 나는 몸을 가눌 수 도 없고 지탱하기조차 힘들어 폭포수처럼 흘러내리는 눈물을 가슴으로 참아내며 그렇게 휘청대며 온 가을을 버텨내곤 한다.

청승맞은 내 꼴! 만약 내가 남자였다면 이렇게 청승떠는 여자를 재수 없다고 꼴도 보기 싫다고 했을 것이다.

고마운 내 남편! 이런 나를 아무 말 없이 묵묵히 옆에서 지켜주니 말이다. 그런데 그렇게 힘들고 슬퍼하는 가을을 무엇이라서 또 그리도 그리워하는가!

아이러니고 이율배반이다.

그렇게도 그 가을이 좋기에 나는 내 생을 마감할 때도 가을에 떠날 것이라고 했다. 평소 추운 것을 몹시 싫어하기에 춥지 않은 가을에 가리라 생각했고, 곰곰이 생각해낸 것이 9월 5일쯤이면 춥지도 않고 하늘은 파랗게 열리고 단풍도 있으리라 생각하고서는 살금살금 큰며느리에게 다가가 자랑스럽게 대단한 발견이라도 한 것인 양 말했다.

얘, 나 이다음 죽을 때 9월 5일에 죽을 것이야! 며느리가 화들짝 놀라며 하는 말, 어머니 그 날이 제 생일날인데 왜 그날 돌아가신다고 하세요? 하면서 울상이다. 아참 미안! 미안! 나는 내 생각에 취하다보니 그런 것도 미처 생각지 못했다.

아직 큰며느리가 들어 온지 오래 되지 않았고, 내가 한 생각에 꽂히다 보니 저지른 실수라고 쓴 웃음 짓는다.

그런데 새로 결혼한 작은 며느리 생일은 또 9월 17일이다.

어쩌랴 그래 10월로 정하자, 죽어서 화장하면 뼈 가루로 묻힐 텐데 뭐 그리 춥겠는가, 10월이면 가을도 깊어 나무에는 단풍이 풍성하고 땅위에도 낙엽이 풍성하게 쌓인 그 계절에 나는 수목장으로 낙엽에 뿌려 달라고 할 것이다.

그렇게 생각하고 나니 큰일이나 하고 난 듯 홀가분하고 마음이 기쁘다. 그렇게 그 가을에 행복하게 떠나고 싶을 만큼 나는 가을을 사랑한다.

그래도 이젠 감정이 무뎌진 나! 2년전부터 인가 나의 가을앓이는 꽤 지낼 만 한 것으로 변했다. 나는 그것이 너무도 고맙고 감사하다. 이젠 가을을 아름다운 것으로 즐기기만 하면 될 것 같다. 나이를 먹으니 이렇게 편하고 좋은 것도 있다는 것이 얼마나 감사하고 좋은지 모르겠다.

그리도 그 아름다운 계절, 나를 부끄럽게 하는 것들이 또 있으니 어찌 말을 안 할 수가 있을까! 아파트 단지 내 조그만 오솔길과 오고가는 길옆으로 철철이 피는 꽃과 열매들 우리를 즐겁게 해주고 우리의 잠자는 감성을 일깨워 주지만, 그것이 또 나를 부끄럽게 만들곤 한다. 한갓 식물에 불과 한 저 나무들도 말없이 자기의 본분을 다하며 때맞추어 꽃피고 열매를 키워 가을에 결실을 맺는데 만물의 영장이라고 하는 인간인 나는 무엇을 하고 있다는 것인지, 세월을 설렁 설렁 보내고 있는 내가 심히 부끄러워지고 고개를 못 들게 만든다. 그 천금 같은 시간 들을 무위도식 하고 있는 것 같아서다.

조금 있으면 저 탐스러운 감나무들도 빨갛게 얼굴을 붉히기 시작 할 것이다. 정녕 얼굴을 붉혀야 할 것은 내 자신인 것을.....

소녀의 얼굴

소녀라고하면 15살쯤에서 예닐곱 살 여중·고등학교 학생 때쯤일 것이다. 맑고 고운 청순함이 얼굴에서 금방이라도 이슬이 또르륵 굴러 떨어질 것 같은 해맑고 발그레한 얼굴과 촉촉한 입술. 아니, 발그레하지 않고 촉촉하지 않아도 세상에서 가장 청순하고 예쁜 때 묻지 않은 너무도 예쁜 모습들이다. 풋풋하고 영롱한 아름다움을 가지고 있는 소녀들. 종달새처럼 재잘거리는 말소리와 까르르 까르르 웃는 해맑은 웃음소리가 어찌 예쁘지 않을 수가 있을까.

그 나이 때는 나뭇잎 굴러가는 소리만 들어도 웃는다고 하지 않던가. 어른들이 아무리 좋은 때라고 말을 해주어도, 그 때는 사춘기의 고뇌와 함께 공부에 대한 억눌린 감정에서 헤어날 수가 없으니, 청춘의 꿈은 푸르지만 좋은 때라는 것을 받아들일 겨를이 없을 것이다. 아쉽게도 그 나이를 지나고 나서야, 그 때가 가장 아름다웠던 보석이었음을 알게 되는 것은 참으로 안타까운 일이다.

때로 너무 붉은 색의 입술을 한 소녀를 볼 때가 있다.

자연 그대로의 모습도 너무 예쁜데 더 예뻐지고 싶은 마음이 있는 것은 여자들의 본능이기도 하지만, 소녀만이 지닐 수 있는 그 청순함과 아름다운 보석을 망가뜨리는 것 같아 쓸쓸한 생각이 들기도 한다. 많은 여학생들은 이러한 나에게 반론을

펼칠지 모른다. 하지만 자신이 가지고 있는 그 소중한 아름다움을 인지하지 못하고 있는 모습을 볼 때면, 너무나 안타까운 생각이 든다. 그 때만이 누릴 수 있는 아름다움을 오래도록 간직해 준다면 얼마나 좋을까 생각해 본다.

소녀인 여학생들이여!

소중한 소녀의 청순함은 그때가 지나면 다시는 올 수도 없고 얻을 수는 더더욱 없으며 그 아름다움은 그 어떤 화장술로도 꾸밀 수가 없는 오직 그녀들 연령 때만이 누릴 수 있는 그녀들만의 특권인 것이다. 그럼에도 자신만의 아름다움을 오히려 싸구려 화장품으로 가린다면 얼마나 아까운 일인가. 자기가 가지고 있는 귀한 원석을 싸구려 가공품으로 덮어 버리는 것과 무엇이 다를까 싶은 안타까움에 이렇게 간절한 마음을 전해 보는 것이다. 너무 빨리 청순한 아름다움을 지워 버리고 숙녀가 되어버린다면, 그 아름다움을 어디에서 다시 되찾을 수 있을 것인가!

소녀들이여!

한번가면 다시 올 수 없는 그 시절의 소중함을 생각하여 멋지고 아름답게 미래에 펼쳐진 무한한 푸른 꿈속에서 행복을 만끽하며 보내기를 마음속 깊이 빌어본답니다.

시한부 3개월 인생

지금은 굽 높은 신도 신고 다니지만, 몇 년 전에는 3개월 시한부인생의 진단을 받은 몸이었다. 2007년 11월 29일, 온 몸이 묶여 구급차에 실려서 일산의 국립 암센터로 실려 간 적이 있었다.

시시각각 급속도로 아픈 몸이 화장실조차도 갈수 없었다. 조금이라도 움직여지면 나오는 비명소리 때문에 의자에 팔과 다리가 묶여 김장할 배추 120포기는 산처럼 쌓여 있는데, 며느리에게 사람을 불러서 김장해줄 것을 부탁하고는 나는 구급차에 실려 가고 있었다.

이미 몇 년 전 암에 걸린 것은 알고 있었지만, 남편의 넉넉지 않은 평생 월급생활 내가 다 탕진하고 가면 남편과 남은 식구들은 어떻게 살 것인가 싶어, 주어진 대로 조용히 살다 가기로 마음먹었던 것이다. 그래도 연예인과 유명한 사람들이 많이 다니는 암치료전문이라는 유명한 한의학 박사님을 소개받아 고령의 박사님이 쉬시기 전까지는 비싼 침을 맞기도 했었다.

국립 암센터에서 나를 치료해주신 엄현석 박사님은 고개를 갸웃 갸웃하신다, 어떻게 이 지경이 되도록 두었는지, 납득이 안 된다는 표정이셨기에 나는 웃으며 대답했다. 그냥 주어 진 대로 살려구요. 그때 내려진 것은 3개월의 시한부였고, 병명은 "다발성 골수혈액암"이었는데, 박사님이 내리신 3개월 시한부란 것도 아주 넉넉히 계산된 것임을 나는 안다.

왜냐면 어깨뼈를 시발점으로 시작 했던 것이 구급차에 실려 갈 즈음엔 X-레이를 찍으면 갈비뼈와 척추가 온통 얼룩무늬로 보일뿐, 형체를 알아볼 수가 없는 것은 물론이고 몸을 조금도 움직일 수가 없는 상태였으니까.

주어진 대로 살려고 했지만 이리 아파서 비명을 질러대니, 오히려 식구들에게 못할 짓시키는 것이라 생각되었고, 아들이 부랴부랴 인터넷을 두들겨 알아보고, 약물치료 위주로 하시는 일산병원 엄현석 박사님께 예약하고는 식구들이 시키는 대로 급히 병원으로 이송당할 수밖에 내가 죽는다고 생각했을 때 가장 걱정 되는 것은, 어머님을 먼저 보내신 아버님이셨다. 며느리마저 먼저 간다는 것이 아버님께 죄송했고 남편에게는 홀로이신 아버님과 제사 등 많은 일을 남기고 떠난다면, 어느 누구를 맞아들여 이 일을 대신 할 수 있을까 걱정이 되었지만, 어쩔 수 없는 일이기에 남편에게 맡기기로 마음먹고 담담히 운명을 받아드리기로 했던 것이다.

다행이 임상치료를 해주셨기 때문에 생각했던 만큼의 큰돈은 들지 않았고, 박사님의 처방에 따라 약물치료를 시작했던 것이다. 체질이 까다로웠던 나는 평소 비타민C 조차도 먹으면 얼굴이 검어지며 붉은 뾰로지가 나는 것은 물론이고, 구토가 나오는 관계로 일체 어떤 약도 먹지 못 했지만, 박사님이 주시는 독한 약은 엄청난 양이었지만, 나의 우려와는 다르게 거부반응 없이 잘 먹을 수가 있었다. 그것도 약으로 배를 채울 수 있을 정도의 양이어서, 때로 100알도 넘는 약을 아무 부작용도 없이 먹곤 했으니, 그것은 믿어지지 않는 기적 같은 일이었다.

그리고 오늘의 내가 되었다. 훌륭한 박사님을 만난 덕분에 이렇게 다시 살아날 수 있었다. 박사님은 다른 부서에서는 간호사까지도 퇴근한 상태임에도 끝까지 환자들을 돌보시곤 하셨다. 이렇게 오래살수 있었던 것은 운 좋게도 훌륭하신 박사님을 만난 덕분이다.

아직도 몇 개월에 한번 씩은 병원에 다니고 있지만, 아무도 내가 아픈 사람이었다는 것은 아무도 상상을 못한다. 멍 때리는 성격에 단순무식 형으로 살고 있는 모든 문제를 닥치기 전에 미리 걱정하는 일이 없는 천하태평 형이다.

원래의 성격대로라면 걱정한다고 해결되지 않는 일인 줄 알면서도 그것을 놓을 줄을 모르고 몇날 며칠이라도 끌어안고 전전긍긍 하는 성격 이었으니까!

지금은 많이 변했다.

왜냐면 과거의 경험으로 볼 때, 미리 걱정한다고 피해갈 수 있는 것도 누가 대신 해 주는 일도 없었으며, 또 아무리 큰 어려움도 닥치면 또 그런대로 잘 해결하고 넘어 갔으니까 말이다. 그래서 발등에 불이 딱 떨어지면 그 때 생각했다. 걱정을 미리 가불해서까지 할 필요 없다고 생각했기 때문이다.

내가 아픈 뒤로는 가족이나 친지들 까지도 안부전화 묻는 것 조차도 두려워했지만, 그럴 때마다 웃으면서 농담처럼 말한다.

나는 죽는 것을 무서워하지 않는 깡 좋은 여자이기 때문에

죽지 않는다고! 때로는 데려다 써먹을 데가 없어서 안 데려간다고! ㅎㅎㅎ

이젠 내 수명을 넘어 이렇게 살고 있다. 덤으로 사는 인생, 좀 더 좋은 일, 가치 있는 일을 했으면 얼마나 좋을까!

박사님께 조차도 도리를 못해드려 부끄럽고 죄송스러운 마음으로 가득하다.

경포대의 밤바다

손에 잡힐 듯
까만 밤의 별무리
하늘 가득히 빛나는 겨울밤!

누우면 베개잎 적시는
철썩이는 파도소리
쉼 없이 밀려드는 경포대의 밤바다

잠 못 이뤄 뒤척이는 나그네
어이해 파도는
나의 시름 일깨우는가!

한국인의 따뜻한 정

2007년 구급차에 팔, 다리 묶여 병원으로 실려 가기 2, 3일 전쯤이었다. 월요일 오후 1시 집을 나설 때까지도 그렇게 아프리라고 생각했다면 외출을 하지 않았으리라. 그랬었기에 아무 생각 없이 아이보리 색의 코트와 같은 빛깔의 낮은 굽의 신을 신고, [라-뮤즈]라는 음악 강의 모임에 갔었다.

강의가 끝나고 오후5시 넘어 같은 방향의 몇몇이 급히 선생님 차를 같이 타고 가는 길에 나는 서대문 사거리에서 내렸다.

벌써 땅거미가 내린 길에서 신호등을 기다리며 서 있었다.

차에서 내릴 때까지도 그렇게까지 몸이 아플 것이라고는 전혀 생각을 못한 상황이다. 신호등이 빨간불에서 파란불로 바뀌고 마음만 조급할 뿐 빨리 걸어야하는데 빨리 걸을 수 없어 길을 천천히 걷기 시작했지만, 반도 못가서 빨간 신호등으로 다시 바뀌었다.

나는 당황했지만 되돌아갈 수도 없을뿐더러, 그 길을 건너가야만 했기에 어찌할 바를 몰랐지만 할 수 없어 그대로 걸을 수 밖에 없었다.

길 건너편에는 손주를 보기위해 타고 갈 차가 세워져 있었고, 그것을 타고 작은 아들집에 가서 며느리가 퇴근 할 때까지, 어린 손주를 돌봐주시는 이모님 분을 퇴근 시켜드리기로 약속된 날이기에 어쩔 수 없이 그 길을 건너야만했던 것이다.

평소 신호등이 길다고 느끼고 있었던 서대문 사거리의 신호등. 신호등 간격이 3분가량만큼이나 길었었지만, 그러나 신호등이 바뀌고 또 바뀌는 사이에도 나는 아직 건너지를 못했고, 자동차의 헤드라이트의 불빛은 조용히 아스팔트의 위를 밝힌 채 앞뒤로 어느 차도 움직임이 없었다.

그 때 눈에 보이지는 않았지만, 아스팔트 위를 밀물처럼 밀려오는 따뜻한 정을 내 평생 잊을 수가 없다. 아마도 사진기로 그 길을 찍었다면 분명 따뜻한 무언가가 그 길을 가득 메우며 밀려오는 것이 보였을 것이라는 생각까지 든다. 보이지는 않았지만 따뜻한 기운을 온 몸으로 느낄 수 있었으니까.

외국인들은 우리 국민을 일컬어 빨리빨리의 성급함을 가졌다고 한다지만 내가 생각하기에 우리는 정으로 가득 채워진 민족이다. IMF때도 전 국민이 단결해서 금모으기 운동을 했고, 태안반도에 유조선 사고로 온통 기름때가 덮였을 때에도 온 국민이 나서서 기름때 걷어내는 모습으로 해서 전 세계를 놀라게 했던 자랑스러운 국민이 아니던가.

그런 대한민국의 국민이란 것이 자랑스럽다. 그렇게 우리국민은 정이 넘치는 따뜻한 국민임에 틀림없다.

고마운 분들!

오랫동안 내 뇌리 속에서 지워지지 않고 있는 그때의 영상과 함께 늘 생각한다. 그때 서대문 사거리를 지나시던 운전자 분들을 만날 수만 있다면, 따뜻한 식사라도 한 끼 꼭 대접해 드리고 싶다는 생각을 해 보곤 한다.

목숨 살린 보양식

시한부 3개월 판정 받고 병원에서 한 보따리의 약과 함께 퇴원해서 집에 돌아왔지만 어떤 음식도 목에 넘길 수가 없었다.

김치를 너무나 좋아해서 한 끼에 한 쪽을 다 먹어 김치를 반찬으로 먹는 것이 아니라, 김치를 먹기 위해 밥을 먹는다는 것이 옳은 자신이었지만, 일체의 어떤 음식도 양념근처에 간 것은 먹을 수가 없었다.

몸은 침대와 한 덩어리가 되어버린 채 늘러 붙어 있어 목조차도 일으켜 세울 수가 없을 정도였다. 남편이 어디서 듣고 왔는지, 노량진 수산시장에 나가 싱싱한 전복을 사와 손질해서 회로 썰어왔다.

평소에 회를 즐기지 않아 내키지는 않았지만 무엇이든 먹어야 살 수 있고, 또 약도 먹어야 했기 때문에 먹었는데 다행히 양념이 들어있지 않은 전복 회는 커다란 거부감이 없어 먹을 수가 있었다.

웬일일까! 문득 깨닫고 보니 목도 가눌 수 없었던 내가 거짓말 같이 일어나 이틀 반을 집안에서 돌아다니고 있었던 것이다. 가끔 보양식이란 말은 들어왔지만 무엇이든 잘 먹었기 때문에 밥이 보약이라며 보양식과는 관계없이 살아왔기에 이런 일도 있을 수 있다는 것에 놀라움을 금할 수가 없었다.

그 때부터 남편은 2~3일에 한 번씩 새벽이면 수산시장에 나가서 한번 먹을 수 있는 분량인 500g씩을 사와 손질해서 먹이고는 7시 15분이면 온양으로 출근을 하곤 했는데, 그때는 남편에게 미안하다는 생각은 하면서도 내 몸이 힘들고 여유가 없다보니 고맙다는 표현도 할 줄 몰랐다.

지금 돌이켜 생각해보면 참으로 미안하기도 하고 고맙기도 한 남편이었다. 남편에 대한 고마움은 어찌 그뿐이랴!

아무것도 먹을 수는 없고 약은 먹어야했기 때문에 항상 무엇을 먹어야 할까를 고민해야했다.

어느 날 잠을 자려고 누었다가 갑자기 생각났다.

아, 내일은 감자 쪄 먹으면 되겠구나 혼자말로 중얼거렸다.

잠자는 줄 알았던 남편이 갑자기 일어나 나간다. 그런가보다 했는데 잠시 뒤 김이 무럭무럭 나는 찐 감자를 들고 들어온 것이다. 나는 내일 먹으려 했던 것인데 그 밤중에 잠도 자지 않고 삶아왔으니 혼자 중얼거린 것을 어떻게 들었을까 너무 미안했다.

원래 남편은 부부언쟁 후에 화났다가도 무엇이라도 남편이 권하는 것을 먹는 것을 보면, 바로 화가 풀려서 웃음이 얼굴에 가득 번져 맘 좋은 아저씨로 변하기 때문에 한 밤에 쪄온 감자도 먹을 수밖에 없었다. 아마도 나보다도 전복을 많이 먹은 사람은 대한민국에 없을 것이다.

그렇게 일주일에 두 번이라도 전복을 꼭 먹였고 지칠 줄 모르는 남편은 내가 손사래 칠 때까지 몇 년을 먹였으니까.

내가 오늘까지 이만큼 건강하게 버티며 살수 있다는 것은 오로지 남편의 사랑과 전복을 먹은 덕분이라고 생각된다. 아직도 남편한테 갚기는커녕 습관처럼 남편의 보호를 받아가며 살고 있으니, 어쩌면 남편의 애물단지 인지도 모르겠다.

그 이후부터 나의 신비한 보양식이 나의 주변에 퍼져나가, 오늘까지도 제법 오랫동안 많은 사람들의 사랑을 받아온 것으로 알고 있다.

오대산 북대에서의 기도

우리나라의 한때는 양력설 3일간이 공휴일이었다.

명절 차례를 음력설에 지냈기 때문에 양력 3일을 이용해 처음으로 나를 위한 7일 기도를 떠나기로 했다.

오대산에 있는 북대는 가본 적은 없었지만, 중대를 비롯해서 다른 오대산의 절들은 워낙 기도 손님들이 많기 때문에 조용한 북대로 가기로 마음 정하고는 절친한 도반(같이 다니는 기도친구)과 둘이서 정월 초이튿날 전국 사찰을 순례하는 버스를 타고 북대 입구에서 내렸다.

입구에 있는 관리초소에서는 눈이 많이 쌓인 산행은 절대 안 된다며 작년에도 2명이나 시신을 끌어내렸기 때문에 안 된다고 완강히 거절하는 것이었다.

어떤 경우에도 기도하기로 마음 정했던 날은 아무리 비가 쏟아지고 뇌성벽력이 친다 해도 마음을 바꾸고 포기하는 일이 없었다. 무식하면 용기가 있다는데, 나의 무모한 용기는 둘째가라면 서운할 정도다.

그날 관리초소의 완강한 거절에 참담한 마음이 되어 어찌할 바를 몰라 온갖 말로 애원하며 붙들고 늘어졌더니, 나중에는 책임을 안 진다며 못 본체 돌아서 주었다.

종아리 까지 빠지는 눈길 속, 자동차마저도 끊어진 산길을 푹푹 빠지며 올라가기 시작했다. 나는 6박 7일간의 배낭을 메고 있었지만, 같이 가는 도반은 양쪽 손잡이가 달린 보스턴백을 가지고 온 것을 보고 순간 난감했지만 그것도 잠시 힘을 합해 사이좋게 오르고 있었다.

그 도반은 나보다 5살 연하지만, 내 무모한 행동에도 말없이 따라와 주었으며 이제까지 살면서 처음 본 부처님 같은 분이었다. 작은 아들의 친한 반포 중학교 친구의 엄마로 같이 기도를 다니던 분이었다. 평소에 어떤 경우에도 화내거나 싫다고 하는 표정을 본적이 없는 것은 물론이고 아무리 어려운 일에도, 대수롭지 않다는 듯 느릿한 경상도 억양으로 "그러지요" 하는 것이 전부였고 남편을 섬기는 일에서조차도 한결같은 모습이었다.

그렇게 둘이서 나란히 눈길을 빠지며 미끄러지며 초행의 길을 오르고 있었다. 그런데 아직 까지도 이해가 되지 않는 것은 푹푹 빠지며 힘들었어야 할 그 길을 어려운 줄도 모르고 너무도 쉽고 빠르게 그 절에 도착했다는 사실이다.

말로만 듣던 축지법을 쓴 것도 아니련만, 절에 들어가는 초입에서부터 정상까지 25분 만에 도착했다는 사실이 지금 까지도 도저히 믿을 수없는 의문으로 남아있다.

나의기도 방법은 어쩌다보니 주로 절을 하곤 한다.

부처님께 예쁨을 받겠다는 마음에서가 아니라 잡념 없이 기도에만 몰두하기 위해서 택한 방법이다. 당일 기도는 흔히 1천배였지만, 대부분은 1박 때 3천배였으며 2박 3일의 1만 배는 급한 마음이 되어 시간에 쫓기듯 하다 보니, 정성보다는 형식

적이 되기 쉽기 때문에 힘도 들지만 바람직하지 못 한 것 같았다. 정성이 결여된 기도라면 무슨 의미가 있겠는가.

7일간의 1만 배는 모든 면에서 아주 넉넉한 기도인 것이다.

떠날 때의 마음은 육신을 모두 잊은 채 오로지 한 생각만으로 기도 하리라 단단히 결심하였다. 평소에 기도 할 때면 가능한 중도에 물 마시는 것조차 삼가 했다. 왜냐하면 일심으로 하는 기도를 도중에 맥을 끊는 것이 싫어서였다. 이번 북대에서의 기도는 나의 무명을 깨트려 보고 싶다는 욕심이었고, 그동안 자식들을 다 키워내고 난 뒤의 처음으로 하는 나를 위한 기도였기에 기대와 각오가 새로웠던 것이다.

그러나 그것이 나의 오만이었던가!

결심과는 다르게 육신을 가진 인간임을 깊이 절감해야 했다. 어쩌자고 때가 되기 전부터 허기가지고 배가 고파왔던 것일까! 처음 있는 일이었다. 무명은 저만큼 놓아두고 때가 기다려지는 속물근성을 떨쳐버릴 수가 없었다.

그 절에서는 100일 동안 묵언수행 중인 비구니 스님이 계셨는데, 어찌 그리도 음식 솜씨가 좋으신지, 온갖 산채 장아찌와 나물반찬 등이 기도객의 음식탐욕을 부추겼다. 최소의 음식으로써 최대의 마음 수행을 해야 하거늘....

스스로 무명을 깨우치기를 소원하며 갔던 길이, 자신의 어리석음을 더 한 결과를 가져 온 것은 아닐까!

7일째 되는 날 아침.

나는 1만 배를 그 도반은 7천 배를 끝으로 내려왔다.

내려오는 날 아침에는 마침 절에 오신분의 체인을 감은 갤로퍼 짚차를 얻어 타고 25분쯤 걸려 내려온 것 같다. 오늘도 떨쳐버리지 못한 무명 속에서 하루하루를 이어가고 있다.

소중한 나의 친구

변변치 못한 나에게는 아주 귀중하고 소중한 친구가 몇 명이 있다.

그런 의미에서 나는 아주 부자인 셈이다.

그 중에 숙선이란 친구가 있다. 얌전하고 예쁘면서도 착한, 그러면서도 수재라고 소문난 그 친구 모두가 선망하는 대학에 들어가서 그 여자대학 대표로 뽑혀 나갔으며 역시 남학생 대표로 나온 남편과 만나 남편의 이끌림에 따라 서로 열열 한 연애 끝에 드디어 남편이 되고 아내가 되었다.

남편의 적극적인 구애에 이끌려 결혼 했지만 꿈같은 행복은 잠시였다. 젊은 나이에 일찍 사업을 시작했던 그녀 남편이 많은 부채를 안고 실패했기 때문이었다.

그녀는 많은 부채를 짊어 진채 고등학교 선생 수입에만 의지하여 근근이 세 자녀를 교육시켜 시집 장가보냈으니, 그녀의 생활이 얼마나 힘겹고 아슬아슬한 외줄타기 인생이었을까, 보지 않고도 알 수 있는 일이였다.

나이 먹어 정년 퇴직금을 받아 평생 달고 다니던 빚을 모두 청산 할 수 있었지만 이번에는 남편이 위암에 걸리는 불행을 겪게 되어 또 한 번의 힘겨운 생활을 이겨내야 했다.

남편의 수술 하는 일과 병 수발까지 모두 겪어 내야만 했으니까.

그녀는 그렇게 힘든 생활 속에서도 언제나 편안한 모습인 채로, 눈살 한번 찌푸리지 않고 신세한탄 한번 하는 것을 듣지 못했다. 항상 밝고 긍정적이고 누구와 비교해서 자기의 불행을 말 하는 일은 더더욱 없었다.

항상 소박한 그녀는 그 어려운 역경을 치러내면서도 미간에 주름하나 구름한 점 찾아 볼 수가 없었다. 어떤 보석 하나도 장식한 것 없지만, 나는 그녀가 그 어떤 보석 보다고 더 아름답고 값진 보석으로 보인다. 그녀가 보석 자체이기 때문일 것이다.

지금은 용인의 어느 노인들이 거주하는 실버타운에서 총 책임을 맡아 관리를 하고 있기 때문에 바쁜 나머지 친구들 모임에도 참석을 잘못하고 있다.

아마도 그녀가 있는 한 그곳 노인 분들은 그 어느 곳보다도 따뜻한 보살핌 속에서 행복한 노후를 보내시리라 생각된다.

그녀에게 아낌없는 박수를 보내며 남은여생을 항상 보람과 행복과 건강이 함께 하기를 빌어본다.

친구의 외로움

꽃피는 이 화려한 봄날에
외롭다는 친구의 문자
그 외로움이 나에게 번져온다
파도처럼 몰려온다

잊고 있었던 외로움이 가슴을 적시고
그 아픔에 가슴이 먹먹해온다
사무치는 고독에 가슴이 미어져온다

인생은 고독한 것이라고
그래서 모두가 아픈 것이라고
달래 보지만,

짙게 깔려오는 외로움이란 것
잊자고
잊어버리자고!
하늘 향해 허한 웃음 날려본다

쓰레기통 뒤지는 여자

쓰레기하면 생각나는 것이 옛날에는 아이들이 무서워하는 큰 소쿠리를 등에 메고 다니는 넝마주의가 있었고, 요즘도 길거리에 나가면 폐지를 싣고 리어카 또는 조그만 손수레에 싣고 밀고 가는 분들이 있는데, 쓰레기 종량제가 생기고부터 나에게는 새로운 버릇이 하나 생겨났다.

집에서 이방 저 방으로 다니며 쓰레기통을 들고 나와, 그 통을 뒤지는 버릇이 생긴 것이다. 쓰레기를 분리하기 위함인데 그 통속에는 아기들이 간혹 코푼 종이도 있지만, 아기들이 먹고 버린 각종 비닐로 된 하드껍질과 과자 봉지들과 다 쓰고 버린 볼펜 등이 있어, 그것들을 분리하는 성스러운(^^) 작업을 하고 있는 것이다.

평소의 생활이 먹다 남은 김칫국물도 선뜻 버리지 못하고 밥 한 숟가락 놓아먹을 때는 그래도 주부로써 알뜰하다는 자부심까지도 있었지만, 쓰레기통을 뒤져 분리할 때는 나라의 지시를 따라 잘 분리하는 것이 국민의 도리라 생각하면서도 크게 자부심이나 긍지가 느껴지는 것은 아니었다.

혹시나 내 행동이 조그만 비닐 쓰레기봉투를 하나 줄이기 위함일까?

마치도 조그만 푼돈에 목숨을 걸기라도 하는 것 같은 생각이 들기도 한다. 나는 낭비하지도 않지만 목돈이라도 쓸 곳을 망설이지도 않는 성격이다. 아무리 조그만 것이라도 내 손을 통해서 버려지는 것을 싫어할 뿐이다.

하지만 이 하찮은 쓰레기가 국가의 시책에 따라 국민 한명 한명이 분리를 엄격하게 해준다면, 졸졸졸 흐르는 실개천이 큰 강을 이루고 바다에 다다를 수도 있듯이, 돈을 아끼기 위함이 아니라 산업쓰레기가 산처럼 쌓이는 상황에서 국민 한분 한분의 힘으로 쓰레기를 재활용하여 국가의 자본으로 재탄생 할 수 있다면 얼마나 뿌듯한 일인가.

오히려 국민으로써의 의무라 할 수 있을 것 같다.

며칠 전, 시장에 나갔다가 갑자기 화장실이 가고 싶어, 시장 끝에 있는 공중화장실을 찾았다. 일을 끝마치고 나오는데 어떤 조그만 노인 한분이 벽에 걸려있는 두루마리 화장지를 어마어마하게 풀어서 들고 있는 것이다.

나도 모르게 깜짝 놀라 비명을 질렀다. 그 노인이 들고 있는 휴지의 길이는 그 노인의 키의 두 바퀴는 충분히 돌릴 수 있는 길이였다. 그 노인분도 놀라고 민망했겠지만, 나는 좀 더 노인에게 절약의 필요성을 말해주지 못했던 것이 후회되기도 했다.

철없는 젊은 사람이라면 또 모르지만, 어려운 세월을 살아온 노인들은 지나칠 만큼 아끼는 분들이 많다고 생각한다.

옛날에는 화장실에서 신문지도 귀해서 못 쓰던 시대의 사람들이다. 그런데 옆의 청소하는 분의 말이 그것은 아무것도 아니라고 한다. 별별 사람이 많아 그 휴지를 통째로 가져가는 사람도 있다고 하는데, 내 것 아닌 것을 가져간다는 것도 나쁘지만, 아무리 우리나라 화장실이 깨끗하다 해도 오물장소인 화장실에서 물건을 가져간다는 것은 얼마나 마음이 찝찝한 일인가.

내 것 아니라고 아까운줄 모르고 마구 써댄다면, 그것은 양심에 앞서서 스스로도 부끄러운 일이고 국가적으로는 더욱 심각한 일이며 고쳐야 할 국민성의 문제라고도 생각된다. 개인으로 볼 때면 작게 느낄지 모르지만, 나라 전체로 생각한다면 어마어마한 큰 손실이 아닐 수 없다.

어려운 시절을 거쳐 온 어른들은 우리들에게 절약 정신을 가르쳐 왔는데, OECD의 국가로 되어있는 오늘날에 보면, 그러한 절약 정신이 많이 희석된 것으로 보인다.

그러나 국민 각자가 노력하여 좀 더 부강한 나라로 만든다면 얼마나 좋을까. 국민 각자가 필요 없는 낭비를 줄이려면, 범국가적으로 캠페인이라도 벌려 국민 각자의 마음을 파고들어가서 필요 없는 낭비는 안했으면 좋겠다는 마음을 가져보는 것은 나의 지나친 생각일까!

오늘도 쓰레기통을 들고 나와 분리하며 조그만 자부심을 가져보려 한다. 비록 작고 사소한 일이지만, 이것이 나 개인에게는 적은 손실이지만 나라전체로 생각하면 큰 손실을 줄이는 것이라 생각하면서 오늘도 열심히 쓰레기통 뒤지는 일을 계속하고 있다.

돈과 명예의 늪

황금만능주의 속에 살고 있는 오늘이다.

인간이 돈이라는 것을 만들어 놓고 그 돈의 지배를 받는다.

가난한 사람들에게 돈이라는 것은 절대적으로 필요한 절박하고도 생명수와도 같은 것이다. 그것은 생을 영위하기 위한 절대적인 수단이기 때문이다. 그들은 먹고 살기 위해서 피땀 흘려 일을 하고 돈을 벌어야 한다.

그러나 이 사회에 존경받고 먹고 살기에 부족함 없는 고위직에 계신 분들! 물론 욕심에는 끝이 없는 것이기에 스스로 절제하지 않으면 그것은 끝이 없는 욕심이고 탐욕이 될 것이다. 적정선에서 자제한다는 것이 그토록 이나 어려워서 인격으로도 자제 할 수가 없는 것인지.

그 분들도 그 고위직에 오르기까지 얼마나 많은 세월을 밤과 낮을 잠 못 자며 피 땀 흘려 노력해 왔겠는가. 그러나 한 순간에 모두를 날려 버리니 너무도 안타까운 일이다. 평생을 노력해서 쌓아올린 명예에 먹칠을 하고 한 순간에 무너지지 않는가.

부를 탐하지 않아도 먹고 살 수 있으며, 모두가 추앙하고 존경받는 명예를 누릴 수 있는 것을 어찌하여 하루아침에 내 던지고 추락하는 모습을 보이는가!

물론 재물이라는 것은 바닷물과 같아서 마실수록 갈증을 낸다고 한다. 돈을 사용하는 사람에 따라서는 존경의 대상이 되고 인격이 되기도 하지만, 공직자인 경우 지나치게 돈에 탐착한 나머지 명예도 인격도 모두 무너뜨리고, 평생 어렵게 쌓아올린 명예에 먹칠을 하고 천 길 낭떠러지로 추락하는 모습을 보게 되는 작금이다.

후회할 때는 이미 늦은 것, 돌이킬 수 없는 것이기에 안타까움은 더욱 크다.

돈이라는 것이 무엇이 길래, 이 나라의 나라님이란 분도 명예를 지키며 국민을 돌봐야 하는 막중한 책임이 있건만, 자칫 높은 자리를 이용하여 돈에 탐착하다보니 명예롭게 퇴진하지 못하고 불명예로 낙인찍히고 있다.

명예롭게 퇴진해서 부유하지 못한 생활을 한다 한들, 그것이 또한 얼마나 많은 국민의 추앙과 존경을 받겠는가. 그 명예로움은 역사와 자손만대에 길이길이 남을 것이다.

사람의 욕심이란 것이 얼마나 끝이 없는 것이었으면 아무 부러울 것도 아쉬울 것도 없는 진시황도 갖다 주는 사람을 더 좋아했다고 했겠는가. 하지만 높은 교육을 받고 지성을 갖춘 분들이라면 자신의 분수를 알고 분수를 지키는 것이 우선 선행되어야 한다고 생각한다.

그것이 똑똑한 사람이고 현명한 인격체라고 할 수 있지 않는가? 어찌하여 물질 만능주의 황금만능주의의 노예가 되어 자신을 절제하지 못하고 인생을 그르치는지 안타깝기만 하다.

우리들 민초들은 애국을 하여도 작은 애국밖에 할 수 없지만, 명예와 지위가 높은 분들은 나라를 빛내고 이름을 빛낼 수 있는 혁혁한 공을 세워 크게 나라를 위해 애국 할 수 있음에도 불구하고 어찌하여 명예를 팔고 지위를 이용하여 일신상의 영화만을 꿈꾸며, 모든 의식과 자긍심조차도 자신의 욕심으로 모두 마비시켜 버리는 것일까!

사업하는 분들이라면 열심히 돈을 버는 것이 그 자신뿐 아니라 나라를 부강하게 만드는 일이 되겠지만, 나라 일을 맡은 중차대한 공직자분들은 그 자리에서 열심히 일하다 보면, 원하지 않아도 자동적으로 명예도 부도 따라온다고 생각한다.

애국해야할 위치에 있는 분들이 어찌하여, 그 돈이란 것에 명예도 팔고 나라마저도 위태롭게 하는 몹쓸 병에 걸렸는가!

인간의 모든 의식을 말살해 버린, 한번 빠져 버리면 마약보다도 더 무서운 그 늪에서 빠져나올 줄을 모르고, 오히려 더 큰 욕심으로 자신을 망치고 나라를 위험에 빠트리는 일까지도 서슴없이 저지르는 것일까.

호랑이는 죽어서 가죽을 남기고 사람은 죽어서 이름을 남긴다는데, 우리는 죽어서 어떤 이름을 남길 것인지 한번 생각해 볼 일이다.

가을의 설레임

청자빛 가을 하늘에
마음을 빼앗겨 버린
스무살 같은 내 마음

설레임으로 가득 차
무작정 떠나고만 싶은 마음

하늘엔 흰구름 두둥실
구름을 쫒고있는 내 마음

여행을 떠나고 싶다.
멀리 멀리—
스무살 내마음 바람난 소녀처럼
그냥 떠나고만 싶다

구두를 꿰매 신으며

며칠 전 일이다. 며느리가 검은 구두를 꺼내 놓으며 버릴 것이라고 한다. 평소에 예쁘다고 생각했던 구두였다. 자세히 살펴보니 양쪽 볼 쪽의 겉가죽이 벌어져 속가죽이 보이고 있었던 것이다. 신어보니 작아 보이던 구두가 내 발에도 꼭 맞았다. 아까운 마음에 까만 매직펜으로 칠을 해 놓고 보니 감쪽같아 보였는데 며느리가 보더니 감쪽같아 모르겠다는 것이다.

그렇게 해서 며느리가 버리려고 했던 신을 열심히 몇 번 신고 다녔는데 한번은 외출했다가 돌아오는 길에 무심히 밑을 내려다보니 신의 볼이 완전히 벌어져서 속에 신은 아이보리색 스타킹이 삐져나오려 하고 있었다.

나는 "아이쿠" 하는 마음에 집에 돌아오는 대로 벗어서 며칠 후 구두수선 집에 주면서 속에 가죽을 대고 다시 벌어지지 않게 지그재그로 튼튼히 꿰매달라고 했더니 속에 얇은 가죽을 대고 누벼 주었는데 제법 쓸 만했다. 가까이 들여다보지 않는다면 제법 감쪽같아 괜찮아 보였지만 설사 누가 알아본다 한들 부끄러워해야 할 일은 아니라고 생각된다. 나이를 먹다보니 뻔뻔해지고 배짱이 생긴 것도 한몫했을 것이다.

옛날에는 신 기워주는 분을 신기리 아저씨라 했던 것 같은데, 요즘은 서울에서 신 기워 신는 사람은 흔하지 않을 것 같다. 나는 그 꿰맨 신을 신고서 왜 그리 마음이 흐뭇하고 좋아

졌는지 모른다. 나이 먹어서 겉멋만 잔뜩 들어 있는 것보다는 그렇지 않은 내가 얼마나 대견하고 자랑스럽다는 마음까지 들었으니, 아무래도 나에겐 긍정 마인드가 넘쳐나는가 보다.

스스로 겉모습이 남루하다해도 그것은 나의 겉모습일 뿐이다. 그것이 나의 내면의 부끄러운 모습은 될 수는 없다고 생각해본다. 물론 나의 내면도 부족해서 누구에게 내 보일만한 것은 하나도 없지만, 그렇더라도 그것은 나이 먹은 사람이기 때문에 부리는 여유이고 덕목이라고까지 생각해 본다.

만약 내 며느리가 그리한다면 반대했을 것이다. 물론 젊은 주부들이라면 알뜰해야 좋고 검소하다면 더욱 좋겠지만, 가난하다면야 어쩔 수 없는 일이지만 젊은 사람이라면 젊은이다운 신선함이 있어야 좋지, 너무 돈을 밝히거나 그로 인해서 너무 생활의 때가 묻어 보이는 것은 그 이상으로 싫다.

하지만 그 이상으로 싫은 것은 낭비와 사치벽이다. 그럴 수는 없겠지만 만약 온 국민이 사치하다고 가정해본다면, 그것은 망국으로 가는 지름길은 아닐까 생각해본다. 여자가 알뜰하다는 것은 자랑이기에 앞서 당연한 것이라 할 것이다.

며느리가 오늘은 내가 꿰매놓은 구두를 신고 출근을 한다.

그것을 보며 나는 왜 또 그리 흐뭇하고 사랑스러운 마음까지 드는 것인지, 오히려 신선한 매력까지 느껴지는 것은 아무래도 며느리를 사랑하는 마법의 힘인지 모르겠다.

옛사랑을 반추하며

내가 나이를 많이 먹긴 먹었나보다.

감히 이런 말을 공개한다는 것이... 처녀 때 사랑 한 두 번 안 해본 사람은 없겠지만, 그래도 완벽하게 이성 관계를 통제하고 있었던 자신이었다. 어찌 보면 적정선 없이 꽉꽉 막혔던 내가 스스로 생각해도 매력 꽝인 여자였다.

그때가 20대 중반쯤 되었으니 여자 나이로는 가장 예뻤던 나이가 아니었을까 싶어진다. 서울에 사는 가장 친한 친구가 자기의 친구 오빠를 나에게 소개해 주지 않았다면, 그 소개받은 오빠의 불행은 없었을 것이다.

그 오빠가 그렇게 싫었던 것은 아마도 인연이 아니었던 것은 아니었을까. 크게 예쁠 것도 잘난 것도 없던 나에게 그 오빠는 결격사유 없음은 물론 결코 빠지는 인물도 아니었다.

나보다 몇 살 위였던 그 오빠는 서울에서 공무원 생활을 하는 중이었고, 지금 생각해도 왜 그렇게 까지 그 오빠를 싫어했는지 모르겠다. 퇴근해서 인천외곽 지대에 있는 우리 집에 늦은 밤 내려오면 다음날 만나기 위해 대문에 쪽지를 꽂아놓고 가기도 했다.

지금의 찻집을 예전에는 흔히 다방이라고 불렀다. 어느 날, 다방에 앉아 차를 시켜놓고는 밖에 나가 소주를 사오더니 벌컥벌컥 마시고 있었다.

때마침 다방 스피커에서는 "쟈니리"의 "뜨거운 안녕"이 흘러 나오고 있었다. 그 음악과 함께 후두둑 후두둑 굵은 눈물방울이 탁자에 떨어지고 있었는데, 그 눈물을 보면서도 미동도 않던 내 마음, 불쌍하다고 생각해야지, 불쌍하다고 생각해야지, 만약 우리 오빠가 이런 일을 당한다면 내가 얼마나 분개를 할까! 마음은 동동걸음치고 어찌 할 바를 모르겠는데도, 싸늘한 내 마음은 녹을 줄을 모르고 냉랭하기만 했다.

자신의 냉정함에 놀라고 인정머리 없음에 질책도 해보지만, 스스로도 어찌할 도리가 없었다. 남의 집 귀한 아들이고 남의 소중한 오빠이거늘 그것을 알면서도 내 마음이 어쩌면 이리도 모질 수 있을까를 생각하면서도 어쩔 수가 없었다.

이유라도 있으면 좋겠지만 아무런 이유도 없었다. 원래 나의 성격이 쌀쌀하거나 몰인정한 성격도 아니건만, 냉혹한 마음이 단단히 차돌처럼 굳어 있는 채, 풀어질 줄을 모르는 것을 어찌하랴! 그 오빠는 계속 찾아오고 나는 계속 도망 다니고, 할 수 없이 어머니가 부산에 있는 오빠네 갔으니 만날 수가 없다고 핑계를 대셨다.

그리고 몇 개월의 세월이 흘렀던 것 같다.

어느 추운 겨울날 편지가 왔다.

그 동안 나쁜 선택을 했었다가 다행히 깨어나 이제 겨우 정신이 들었다고! 겨울을 가장 좋아한다던 그 오빠가 창밖 눈 오는 모습을 보면서, 사람들은 어쩌면 저렇게 만면에 희색이 가득한 채 즐거운 모습이냐고! 그래도 언제까지나 기다리겠다는

현실성 없는 공허한 글을 남겼다

잘난 것도 예쁠 것도 없는 것이 한 남자를 힘들게 만들었다는 죄책감과 속죄 할 길도 없음에 할 말이 없다. 몇 년의 세월이 흘렀을까, 바람결에 그 오빠가 결혼했다는 말을 들었다.

요사이 문득 생각이 났다.

지금은 백발의 할아버지가 되었겠지만, 행복하게 남은여생을 살았으면 좋겠다고 마음속으로 기도해 본다.

어쩌면 벌써 이 세상 사람이 아닐 수도?

아니 충분히 오래 살 수 있을 분으로 보인다.

편지에 꽃잎을 붙여 보내주던 오빠!

지금은 모든 걸 잊고 옛날을 속죄하는 마음으로 그 오빠의 남은여생 건강하고 행복하기만을 마음속으로 빌어본다.

벨리댄스

2010년 6월 말!

정확히 말해 구급차에 실려 병원으로 간지 2년 7개월 만에 자치회관에서 수업하는 벨리댄스에 등록하고 왔으니 나 자신도 기막히고 놀라운 일이다.

몸도 아직 온전할 것이 없거니와 떡국도 먹을 만큼 먹은 나이에 과감히 그 화려한 의상을 걸치고 춤을 춘다는 것은 생각해도 이만저만한 배짱이 아님은 말할 것도 없다.

더욱이 평소에 춤을 추어보던 사람도 아니고 운동에 취미도 전혀 없는 사람이었다. 그랬던 내가 이젠 운동을 시작해야 되겠다고 마음먹고는 즉시 한 첫 번째 행동이었다.

그런데 왜 하필 벨리댄스냐고?

그것은 첫째는 기억력에 자신 없는 내가 커플 댄스로 상대방에게 피해를 주지 않기 위함이고, 두 번째는 아무래도 그 화려함에 대한 호기심이 있었는지도 모른다. 다만 중부전선을 가리는 옷으로 배꼽만 나오지 않으면 괜찮지 않을까 하는 생각에서였다.

날보고 언니라고 부르는 7살 아래인 배짱이라곤 전혀 없는 동생이, 자기라면 절대 할 수 없을 거라며 내 배짱에 놀라움을 금치 못한다. 하지만 남에게 피해를 끼치는 일도 없고 양심에 걸리지 않는 일이라면, 무엇이든 할 수 있다는 소신이 나를 배짱 있게 만들었을 것이다.

원래 아무것도 자신 있는 것은 하나도 없었으니까.

그렇기 때문에 내가 필요 한 것이라고 일단마음이 정해지면 끌려서라도 가는 성격이다. 나한테 배짱 있는 선택은 그렇게 이루어진다. 그렇게 해서 벨리댄스도 신청할 수 있었으리라

벨리댄스는 군무(무리지어 추는 춤)도 되지만 혼자 추는 독무라고도 할 수 있다. 노출이 심한 야한 옷 위로 허리에는 소리가 요란한 코인까지 달고 몸을 흔들어가며 춤을 추면 요즘 표현으로 정말 그 이상의 섹시함이란 없을 것 같다. 옷의 화려함은 물론 스커트의 폭이 180도, 270도, 360도, 720도까지의 넓은 폭인데 선생님은 보통 720도 폭의 스커트를 많이 입으신다.

화려한 넓은 폭의 스커트와 잠자리 날개 같은 베일까지 팔과 어깨에 걸치고 무대 중앙에서 빠른 톤으로 무대를 누빌 때면, 꽃구름이 펴지며 변화무쌍한 꽃이 피어나는 황홀함이 선녀의 춤이 이럴까 싶을 정도로 아름다움의 극치를 이룬다.

그 곳에서 왕언니인 나는 젊은 사람들에게 밉상이 되지 않으려고 열심히 분장을 하고 다녔더니 언니는 이곳의 꽃이라고 말 하는 동생까지 있었으니, 좋기도 하지만 부끄럽고 민망하기도 하다.

그렇게 열심히 다니던 벨리댄스도 2015년 6월말 만 5년 만에 접었다. 미련이 없는 것은 아니었지만, 새로 오신 젊은 선생님은 빠른 템포의 음악만을 좋아해서 그 빠른 곡을 추다보

면 발이 얽히기까지 하는 상황이 생겨 이젠 접어야 할 때가 되었다고 생각하고 난 후의 결단이었다.

그래도 벨리댄스에서 만난 동생이 다정하게 나의 팔짱을 끼며 자기는 시, 문학을 배우고 싶다며 매달려왔던 그 동생 덕분에 잠시 동행해 준다는 것이 이렇게 생각지도 못했던 글까지 쓰게 되었으니 벨리댄스에서 만난 그 동생과의 인연도 고맙고 연결해준 벨리댄스도 고맙다.

아기 고드름

어제
하늘 가리며 펑펑 내린 눈
아파트 지붕에 가득 쌓였네

오늘은
베란다 창문너머에
아기 고드름 졸졸이 열렸네

맑고 고운 아기 고드름
수정 같은 물방울
햇살 따라 반짝이며 달려있네

옛날 초가지붕에 달렸던 고드름
서울에는 언제 상경하였을까
골목길에도 자동차 밑에도 졸졸이
열려있는 아기 고드름

아가들아!
어서 나와서
아기 고드름 함께 보자꾸나

4부

보시의 열매

벌써 오래전 젊었을 때의 일이다. 원래 은행원이었던 남편은 취미가 남달라 다른 사람 빚보증 서주는 것이 취미였다. 길가다 아는 사람을 만나도 저사람 법 없어도 살 사람, 저사람 법 없어도 살 사람, 모두가 법 없어도 살 사람이란다.

처음엔 그렇구나 그렇구나 하다가 나중엔 내 남편이 법 없어도 살 사람이란 걸 알았다. 그렇게 취미를 잘 살려 살더니만 드디어 친구회사가 무너지고 신문에 들썩들썩 하더니 결국 보증 섰던 남편의 월급압류까지 들어왔다.

다행이 일부의 월급은 받아올 수 있었다. 원래 기반이 없고 가난한집 맏이다 보니 시댁, 시동생들과 우리 집 아이들까지 문제가 만만치 않았다.

월급 통장으로 한 달은 50만원 한 달은 60만원씩 번갈아 들어오는 것이었다. 맹꽁이 같은 나는 남편만 의지한 채 통장 들여 다 보는 것이 일이였다.

60만원일 때는 20만원씩 3번 찾아오고 50만원일 때는 20만원 먼저 찾을까 30만원 먼저 찾을까 골똘히 생각하곤 했는데 항상 월말에 공과금이 나가곤하기 때문에 월말에 30만원 먼저 찾자하고 대단한 머리를 써서 그렇게 하기로 한 것이었다.

다행히 나는 시부모님이 인정한 알뜰한 주부였다.

서울 종로 예식장에서 결혼하고 시골에서 다시 관례복을 입고 손님을 치렀는데, 손님들이 남긴 국수 그릇에다가 담뱃재 털어 넣은 것을 집에 돼지도 키웠건만 어머니는 나중에 잡수신다며 쌀뜨물에 넣은 국수를 소쿠리에 건져 놓으시는 것이었다. 그것을 보며 생각했다 이 어머님을 이다음에 잘 모실 것이라고! 시부모님들은 농사지어서 고춧가루며 깨와 마늘까지 골고루 아들네로 가져오시는 것이었다.

물론 그 이상의 돈은 드리고 있지만 노인들이 땀 흘려 지은 농사를, 어찌 젊은 것이 앉아 받아먹을 수가 있을까 싶어서 나는 펵펵 쓸 수가 없었다.

시누이랑 서울 올라 와서 허옇게 담근 김치를 보고는 실망이 컸던 모양이다. 시부모님들은 우리가 처음 결혼하게 되었을 때, 아무것도 모르는 서울 며느리가 들어와 살림을 어찌할까 걱정이 많으셨다 한다. 나는 뭐든 버리는 것은 아까워하는 편이어서, 결혼식 때 들어온 선물 포장지등을 이용해 휴지통도 예쁘게 만들어 놓고 하는 것을 보시고는 그렇게 좋아하시며 안심 하셨나 보다.

그 후로 나는 쌀뜨물에 버린 국수를 건져 놓으신, 시어머님으로부터 알뜰하단 소리를 들었으니 내심 자랑스럽다. 사실 여자로서 당연한 것일 것이다. 사실 나는 김치 국물에 녹아있는 맛있는 양념들을 생각하면 김치 국물 조차 버릴 수가 없어 미련한 짓인 줄 알면서도 밥 한 수저 넣어 비벼 먹곤 한다.

그렇다고 결코 부자가 되는 것은 아닌데도 말이다.

다만 내 손을 거쳐 버려지는 것이 아깝기 때문이다.

어쩌다 강남 역삼동에 살게 되었지만 그때 친정어머니와 언니들은 정진스님이라는 덕망 높은 스님을 모시기 위해 불광동에 있는 불자들과 힘을 합해 방을 얻어놓고 스님의 법문을 청해 들었던 것이다.

하지만 그 장소가 헐리는 바람에 서초동으로 옮겨와 포교당을 차리신 것이었다. 예술의 전당 뒤 대성사에 다니던 나는 서초동으로 언니들과 합류하게 되었다. 스님의 법문을 듣고 있노라면 그 말씀이 서서히 가슴으로 스며들어와 이 세상 모든 잡다한 것들을 다 놓아 버리게 된다.

그러던 어느 날 노 보살님(절에서는 여자들을 보살이라고 부른다)이 나를 조용히 불러 구석으로 데려가시더니 하시는 말씀이 아르헨티나에서 신도 한분이 전화 하셨는데 그 분 말이 신도들은 모였는데 불상도 경전도 염주등도 일체 없어서 어쩌면 좋겠느냐고 말해왔다는 것이다. 무엇이든 전부 펴 주시는 스님은 알았다고 대답해 놓으시고는 신도들에게 아무 말씀도 못하시고 계시다는 것이다.

왜냐면 불광동에서 서초동으로 옮긴 것도 신도들한테 부담이 되었는데 또 말씀 하실 수가 없었던 것이다. 아르헨티나에서는 불상 모시는 것도 백만 원, 경전도 백만 원 염주등도 백만 원으로 계획 한다는 것이다, 노 보살님은 나에게 되면 좋지만 안 되도 절대부담 갖지 말고 아주 못들은 것으로 하라는 것이다.

네, 저도 절에서 주는 책을 여러 번 받았지만 한 번도 줘보

진 않았다고, 집에 가서 연락드리겠다고 하고는 집에 가서 큰 언니한테 전화했다. 평소 자신한텐 알뜰하지만 다른 곳엔 선선히 쓰는 성격이라 언니한테 말할 수 있었다.

곧바로 언니한테서 50만원이 나에게 보내졌고 나는 월급날 되기만을 기다렸다. 설마 굶어 죽지는 않겠지, 드디어 월급 다음날 나는 노 보살님과 약속하고 스님을 찾아뵙기로 했다. 그때만 해도 내가 젊기도 했지만 수줍음도 있고, 나는 스님을 단둘이 독대 하는 법은 없었다.

경내에서도 스님이 이쪽으로 오시면 나는 저쪽으로 가곤 했으니까, 노 보살님과 함께 스님을 뵙고 준비해간 봉투를 드렸다. 그리고 집에 돌아왔는데 얼마나 부끄러웠던지, 스님들은 시주물이나 시주금이 들어오면 반드시 3가지를 관(본다는 뜻) 하신다고 하신다.

순서는 정확히 모르겠지만 대강 말하면 첫째 어떤 마음으로 가져왔는가.

둘째 어떤 돈으로 가져왔는가.

셋째 어떤 뜻을 가지고 가져왔는가를 스님이 관 하신다고 하는데, 내 빈 통장을 보셨을 테니 나도 부끄럽고 스님도 당황하셨을 것이다.

그 후 2, 3일 지났을 것이다. 절에 상주하고 계시는 노 보살님이 전화를 주셨다. 스님이 먼 지방에 가셨는데 기도하시려고 주소를 물어 보신다는 것이다.

나는 속으로 웃었다 기도해서 나쁜 것은 없겠지만, 기도 한다고 돈이 하늘에서 떨어질 것도 아니고, 땅에서 솟을 리도 없는데 뭐 그럴 필요까지 있을 까고, 그러고 얼마 안 있어 먼 거리에서 스님이 직접 전화 주셔서 식구들을 물어 보셨는데, 그때 대답해 드리고는 아무 신경도 쓰지 않았다.

그때 큰아들이 중학생이라 한참 잔돈도 들어갔을 텐데, 어떻게 그 한 달을 한 푼도 꾸지도 않고 살았는지 모르겠다. 원래 신혼 때 그렇게 어려울 때도 한 푼도 외상거래란 없었고 돈을 꾸거나 하는 것도 내 사전엔 없었다. 물론 남편이 이 곳, 저 곳 강의 나가고 원고료는 받아왔지만 큰돈은 아니었다. 역삼동에서 도곡동으로 시장을 보러 다니곤 했다.

주로 길바닥에 앉아 함지박에 물건을 놓고 파는 노점상 물건을 사곤 했다. 그 함지박에 담겨있는 물건 전부가 이익금이라 해도 얼마나 보잘 것 없는가, 그 아주머니 말씀이 돈이 검불 같아요 하면서 웃는 것이었다.

너무 놀라웠다. 이렇게 힘들어 버는 돈이 먼지처럼 쉽게 날아간다니 말이다. 그때 곰곰이 생각했다. 나도 돈이 검불 같을 때도 있었다.

하지만 절에 봉투를 가져가고 단단히 작심했던 그달은 돈 1만원이 마치 10만원같이 나가는 것이 아닌가. 거짓말 같지만 1만원 가지고도 한참을 쓸 수 있었으니 내가 말 하면서도 꼭 거짓말을 하는 것 같다. 덕분에 돈을 꾸지도 않고 그 한 달을 버텨냈지만, 신기하고 믿어지지 않을 정도다.

얼마를 지났을까 문득 생각하니 내가 통장 보는 버릇이 없어진 것이 아닌가. 이상하다싶어 통장을 가져다 펼쳐보니 큰 숫자는 아니지만 통장의 숫자가 조금씩 조금씩 꼬리가 달려지고 있었던 것이었다.

나는 많은 생각을 하게 됐다. 마치 곰국을 끓여 응결된 상태에서 한 국자 떠내고 나면 떠낸 자국이 있어야 할 것이 아닌가. 어째서 떠낸 자국이 없단 말인가! 이세상은 한 치의 빈틈도 없어 마치 맞물려 돌아가는 톱니바퀴 같은 것이 아닌가 생각했다.

이 세상은 지은대로 간다지만 죄란 것도 복이란 것도 받기 싫다고 안 받아지는 것은 아닌지 모른다.

묵언수행의 꿈

아이들이 중 고등학교에 다닐 때였으니까, 그때만 해도 내 나이 한참 젊은 시절이었던 것 같다. 그때 단체로 남쪽지방을 돌아다니던 중 어느 조그마한 암자를 지날 때였다. 저녁 석양 무렵 7~8명의 보살들이 흰 저고리 회색바지의 법복을 정갈하게 차려입고 흰 바탕에 검은 글씨로 "묵언"이라고 쓴 글씨를 목에 두르고 구불구불한 황토색 오솔길 송림 사이를 108염주 천천히 굴리며 석양에 말끔히 씻긴 모습으로 조용히 걸어 나오고 있었는데 그 모습이 너무도 신선하고 아름다워 한 폭의 그림을 보는 듯하였다.

아마 묵언하고 싶다는 생각을 한 것이 이때부터였는지 모르겠다. 절 이름도 그 지방도 생각을 못하고 있으니 나의 바보 같은 어리석음이 얼마나 속상하고 안타까웠는지, 부끄러우면서도 민망하고 후회가 막심하다.

그 때부터 나는 시간이 주어진다면, 딱 일주일만 묵언수행을 하고 싶다는 열망이 마음속 깊이 자리 잡고 있었다. 그리고 그 간절함이 그때의 영상과 함께 늘 나의 빈 가슴을 채우고 있었다.

아이들이 모두 대학에 입학하고, 졸업하고 큰애는 결혼까지 했지만 시간은 좀처럼 주어지지 않았다. 제사와 같은 큰일도 많았지만 아버님은 물론이려니와 남편도 아들도 모두 남자들

뿐이었기에(물론 새 며느리가 있긴 했지만) 집을 떠날 수가 없어 좀처럼 기회가 주어지지 않았다. 그러던 중 마침 아버님의 8박 9일의 짧지 않은 해외여행 일정이 잡히는 때를 틈타 오랜 동안의 숙원을 결행하기로 마음먹었다. 평소 다니던 절의 스님께 소개를 받아 당진의 어느 비구니스님 절에 가기로 결심을 할 수 있었다.

긴 기다림 끝에 설레는 마음으로 시작한 길이었다. 언제 다시 또 온다는 보장 없는 그 길이 그러나 그렇게 허망하게 묵언을 깨뜨리게 될 줄은 꿈에도 몰랐다. 처음으로 갔던 낯선 절이긴 했지만 열악한 절이었기에 어둠 속에서는 더더욱 어느 곳에서 불을 켜고 꺼야 하는지도 모르는 상황이었기에 어이없는 실수가 계속 되었다.

그뿐 아니라, 아무런 준비 없이 마음만으로 갔기 때문에 낯선 분들이 절을 지나다 나에게 무엇을 질문해 오면 나도 모르게 대답이 튀어 나오곤 하는 것이다. 묵언이라는 글씨만이라도 목에 걸었더라면 나에게 말을 붙이는 사람도 없었겠지만 평생 말하는 습관이 몸에 배어 있었기에 그 습관을 잠시 내려놓는다는 것이 그렇게까지 어렵다는 것을 미처 몰랐다.

그렇게 오랫동안의 염원이 어이없이 깨지고, 그 후 다시 시도해 본 것도 완벽하게 성공하지를 못했다. 자신에 대한 실망은 말할 수도 없었지만, 그래도 다시 한 번 시도해 볼 것이다.

어린 손녀가 대학에 들어가려면 몇 년은 기다려야 내 시간을 만들 수 있을 것 같다. 그때까지 건강하게 생존해 준다면 다시 시도해 볼 것이다. 이번에는 예전에 보았던 그 절을 찾아내어 소규모의 그룹 속에 끼어서 묵언을 꼭 다시 한 번 해보고 싶다. 꼭 그 날이 오기를 기도해 본다.

아침엔 그 소나무 숲 속의 아침 햇살을 받으며 수행을 할 것이며 저녁엔 노을을 등에 지고 송림속의 황톳길을 조용히 걸으며 묵언 속에서 내 속에 잠들어 있는 의식을 일깨우고 지혜를 밝히며 나의 내면 깊이 오랫동안 쌓인 세속의 때를 한 겹씩 벗겨 내고 싶다. 기회가 주어진다면 몇 번도 해보고 싶다는 것이 내 솔직한 심정이지만 왜 그리 묵언수행에 집착하고 목말라하는지 나 자신도 모르겠다. 그것도 놓지 못하는 집착이고 욕심이련만 자신도 어쩔 수 없어 내 마지막 소망으로 남겨두고 싶다.

~답다는 것

~답다는 것, 참으로 아름다운 말인 것 같다.

사람은 사람다워야 하고 젊은 사람은 젊은 사람답게 패기와 용기가 있어야 하며 노인은 노인답게 학생은 학생답게 선생님은 선생님답게 그렇게 각자가 나름대로 본분을 지키며 살다보면, 사회는 조용한 질서 속에 자연스럽게 아름다운 세상이 될 것 같다.

옛날 생각이 난다.

젊었을 적 아이들이 한참 공부 할 때였다. 모든 부모들이 그렇듯 나도 한 때 아이들을 위해 기도해 준다며 한 달에 한번씩 멀리 있는 절에 다닌 적이 있었다.

그날도 집을 떠나 3시간 만에 도착한 절! 부지런히 법당에 들어가 3배 절을 하고 내려와 노 보살님께 인사 하려고 노~크와 함께 인기척을 냈지만, 대답이 없어 살그머니 문을 열어 보았더니, 노 보살님이 옆모습을 보이신 채 기도를 하고 계셨다. 머리가 많이 빠져서 거의 속살을 보인 채 귀가 어두우신 보살님은 아무리 반복해 인사를 드려도 못 들으시는 것이었다. 기도 삼매경에 빠져 계실수도 있겠지만, 귀가 어두우신 것 같았는데 그 모습이 그렇게 감동스럽고 아름답게 보일수가 없었다.

아! 나이 들면 귀도 적당히는 어두워야 되는 것인가 보다. 노인이 귀가 너무 밝아서 젊은 사람들의 조그만 말에도 노치지 않고 반응 하는 것보다는 더러 놓치며 대강 듣는 것이 오히려 노인다운 아름다움이고 노인만이 가질 수 있는 덕 있는 모습 같이 느꼈다면 나만의 생각일까!

지금도 항상 그때의 아름답던 모습과 감동이 지워지지 않고 나의 뇌리 속에 자리 잡고 있다. 작년 가을 즐겨 찾던 남한산성을 오랜만에 갔었다. 서울과 인접해 있는 남한산성은 가을이면 단풍도 너무 곱고 예뻐 자주 다녔기에 길치(길눈이 어두운 것)인 나도 남한산성 길 만큼은 눈을 감고도 찾아갈 수 있을 정도다.

그 길목의 음식점들이 하나하나 눈에 박히고 가을이면 길가 트럭에 잔뜩 쌓아놓고 파는 모과열매도 남한산성의 가을 풍경 중 하나지만, 그곳에 갈 때 마다 즐겨 찾던 음식점과 찻집! "아라비카" 라는 찻집은 너무도 아름다운 단풍 속에 쌓여있어 제철에는 입추의 여지가 없어 자리 잡기가 힘들 때가 많다.

남한산성 시장에는 천막으로 햇빛은 가리고 있지만, 조그만 노점시장이 항시 열리고 있다. 그곳엔 직접지은 농산물들을 가지고 나와서 판다. 열무와 배추, 상추, 오이, 호박 각종 채소가 모두 동원되고 오가피 열매와 나뭇가지와 기둥에는 빨갛게 익은 풍성하고 아름다운 화초 꽈리까지 걸어놓고 우리를 유혹한다. 그 화초꽈리를 사다 장식으로 집안에 걸어놓으면 빨간 열매가 탐스럽게 다닥다닥 붙어있는 것이 마치, 가을을 집에 들여 놓은 듯 한껏 마음을 풍성하고 아름답게 해준다.

남편과 처음으로 같이 갔던 날, 남편과 나는 물건들을 쭉~

훑어보고는 다시 입구 쪽에 계시는 가장 연세가 많아 보이는 할머니한테 왔다. 노인분 것을 사기 위해서였다. 그런데 그 노인 분은 나의 생각과는 다르게 이것저것 물건 권하는 상술이 보통이 아니었다.

얼떨결에 이것저것 사 가지고 오면서 왜 그렇게 마음이 허하고 헛헛해 지는 것이었던지, 아마도 나는 조금은 시골스러우면서도 푸근한 노인네다운 모습을 기대했던 것 같다.

아마 그 노인분도 처음부터 그랬던 것은 아닐 것이다.

오랜 세월 힘들게 살아오다보니 그렇게 영악하고 각박한 마음으로 변했을 것이다. 생활이 여유롭게 살아 왔다면 좀 더 푸근하고 덕을 갖춘 노인이 되어있진 않았을까 생각해본다.(그 이후로 그분은 볼 수가 없었다.)

그렇게 생각하고 보니, 매사에 똑똑하지 못하고 바보 같아 못 마땅하기만 했던 자신이 조금쯤 위안이 되기도 한다.

하지만, 조금이라도 늙음을 더디 하고 싶은 마음과 그렇지 못한 현실 사이에서 갈등을 하면서 젊은 사람들 눈에 비쳐질 내 모습을 생각하면 과연 노인답게 잘 살고 있는지 부끄럽게 느껴지는 오늘이다.

명동의 밤거리

한 겨울
명동의 차가운 밤거리
보석 같은 작은 불빛들은
나목을 휘어 감고
네온사인이 화려한 밤을
젊음만이 출렁이네

고목이 된 나의 가슴을
젊음이 훑고 지나간다

작은 등불 밑에 쌓인
산해진미,
배고픈 나그네의
눈과 코를 자극하고
연인들 서로 손잡아 이끌며
가던 길 멈추네

불면증과 아로마 향

가정의 달인 5월!

대부분의 가정이 다 그렇겠지만 우리 집도 나를 제외하면 모두가 직장인이고 학생들이기에 5월 첫 일요일을 택해서 미리 어버이날 식사를 같이 하기로 했다.

자식들이 예약해 놓은 전망 좋은 양식집에서 몇 달 만에 9식구가 모두 모여 즐거운 식사 시간을 가졌다. 우리 부부는 아이들이 각자 만들어준 봉투며 선물들을 받으며 하루를 만끽했지만 좋기도 하고 미안하기도 했다.

어버이날과 부모생일 등 외식할 때마다 두 아들이 번갈아 교대로 내기 때문에 지난번 남편생일 때는 작은 아들이 거한 점심을 이번 어버이날에는 큰아들이 거한 점심을 냈다.

그리고 며칠 지나지 않아 5월 6일, 그날은 낮에 많이 피곤했던지 초저녁 설핏 잠들었다 깨고 보니 침대 옆 탁자에 투명한 유리 꽃병에 맑은 액체와 함께 카네이션 두 송이가 긴 빨대와 같이 꽂혀 있었는데 무슨 장식을 해 놓은 것인 줄 알았다.

밑에 빈 예쁜 상자를 보니 검은 초콜릿 빛깔의 젓가락 같은 것이 3개 묶여져 있었는데, 나는 무슨 초콜릿이 이렇게 길게 생겼을까 하면서 하나를 조심히 빼서 남편을 주고 하나는 내 입에 집어넣었더니 그것은 초콜릿이 아니었다.

남편은 초콜릿이 아니라며 나를 다시 주기에 다시 자세히 보니, 그것은 꽃병에 꽂혀 있기도 한 "디퓨져"라고 하는 향기를 뿜어 올리는 대롱이었던 것이었다.

내가 먹는 것을 얼마나 좋아했으면 자세히 확인도 안하고 잠결이었지만 입에 집어넣었을까, 어이없다. 애기들이 손에 있는 것이면 되던 안 되던 닥치는 대로 입에다 집어넣는 것과 하나도 다를 것이 없고 어른인 내가 그랬으니, 얼마나 우스꽝스럽고 어이없는 일인가. 그 얘기를 나중에 애들이 듣고는 박장대소를 한다.

그 꽃병에 있는 맑은 액체는 아로마 향이었고, 그 아로마 향이 대롱을 통해서 밖으로 품어져 나와 공기 중에 은은한 향기를 풍겼던 것이다.

며느리가 예쁘다고 어버이날에 시어미한테 주려고 벌써 사두었던 것인데 빨리 주고픈 마음에 조바심을 내고 있으니 아들이 미리 드리라고 했다고 한다. 며느리의 그 마음이 고맙고 예쁘기만 하다.

나의 불면증은 생활화 되어서 새벽 2~3시면 배가 고파 무엇이라도 먹어야만했다. 밤에 먹는 것이 독이 된다고 말들 하지만 배가 고프니 어쩔 수 없는 일이었다. 그런데 아로마 향을 꽂아놓은 후로는 거짓말 같이 야식을 안 먹어도 되었다.

전에도 누군가가 불면증에 아로마 향이 좋다는 말을 들었었지만, 좋다는 것을 안 해본 것이 거의 없기 때문에 차일피일하다 잊었는데, 고맙게도 이번에 며느리가 사다준 예쁜 꽃병에 있는 아로마 향은 나의 몇 십 년이 된 오래된 불면증을 고칠

수 있어 얼마나 감사하고 고마운지 모르겠다.

가장 큰 효도를 받은 것 같다.

오늘도 예쁜 꽃병에 꽂혀 있는 꼭 생화 같이 생긴 카네이션 두 송이가 며칠 전보다 더 피어있는 듯한 착각 속에서 행복한 잠을 청한다. 나는 남들에게 얼마만큼 잘 해야 내가 받는 것들을 보답 하면서 살 수 있을까! 자격 없음에 많이 받는다는 것이 오히려 부끄럽기만 하다.

우리 집의 명절 풍속도

지금은 세월의 옷을 입어 많이 헐거워 졌지만 예전에는 꽉꽉 막혀 융통성이 없었다.

그러던 내가 6남매의 맏며느리 그것도 시할머님까지 계시는 종갓집 장손 며느리가 되었다. 다행히 평소 가난해도 능력 있는 남편을 소망했고, 그릇이 못되기에 차남한테 시집가서 가난한 시부모님을 내가 모시리라 생각했었다. 가난한 부모님은 나의 조그마한 것에도 큰 행복을 느끼실 것 같아서다. 그랬기에 지어진 운명 속으로 과감히 발을 들여놓을 수 있었다.

당시 초등학생 이었던 막내 시동생 까지도 장가를 들었고 나는 두 동서를 가진 맏동서가 되었다. 성격이 활달하고 웃기 잘하는 두 동서 덕분에 우리 집 명절은 온통 웃음소리로 온 집안이 들썩거린다. 지금은 돌아가셨지만, 내 버릇없는 농담에도 재미있게 껄껄껄 웃어주시던 아버님, 생존 시에는 자주 주방을 기웃거리시며 우리 3동서들의 깔깔거리는 웃음소리에 흐뭇한 미소를 지으시곤 하셨다. 그렇게 떠나갈 듯 시끄럽게 웃어도 손은 일사철리로 움직인다.

왜냐면 일을 빨리 끝내고 나면 여자들은 영화 구경차 극장으로 가기 때문이다. 그때 남은 남자들은 남편이 모두 이끌고 외식으로 저녁을 해결 해주곤 한다. 극장가는 길, 동서들은 전화로 친정이며 친구에게 바쁘게 전화를 하며, 지금 극장가고 있다며 자랑하기에 바쁘다.

당시에 역삼동에 살 때였기 때문에 강남역에 위치한 영화관에서 김미숙, 이정재 주연의 [정사]라는 낯간지러운 영화를 보러가는 중이였는데, 둘째 동서는 또 "형님 우리 봄에는 야한영화 보고 가을에는 예술영화를 보기로 해요" 하면서 또 친구들에게 너스레떨면서 자랑했음은 물론이다. 극장 관객은 모두 꽃띠들로 무리를 이룬다. 극장이 끝난 후 온종일 기름 냄새를 맡은 우리는 비싼 음식도 필요 없고, 깔끔한 냉면을 먹으며 여유있는 담소를 즐긴다. 우리 집 며느리들은 아이들보다도 더 명절을 즐거워하는 것 같다.

요즘은 직업가진 동서들이 전보다 나이를 먹어서일까 돌아다니는 것보다는 앉아 노는 것을 좋아하는 것 같다. 그래서 극장대신 남자들이 산소에 가고나면 우리들은 설거지를 끝내놓고 둘러앉아, 남편이 내놓고 간 밑돈으로 고스톱을 시작한다. 동서들의 입담이 한층 걸쭉해지고, 아니 내가 가장 걸쭉한지 모르겠다. 아직 미숙한 고스톱이 푸짐한 웃음 속에 끝이 나면 동서들은 짐을 챙겨 다음 명절을 기약하며 왁자지껄 썰물 빠지듯 빠져 나가고 뒤에 남는 고요한 평화, 나는 또 그 평화를 사랑한다. 나는 모든 사람들이 그렇게 즐겁고 행복한 명절을 맞았으면 하고 기원해본다.

제례문화

얼마 전 우리나라 큰 명절인 정월초하루 구정명절이 지나갔다. 옛날 때때옷 차려입고 어른 들게 세배하며, 이웃 친구들과 어울려 이 동네 저 동네로 몰려다니며 은근히 옷 자랑에 신이 나 있었고, 추석 명절 때는 밝은 보름달 아래서 함께 원을 그리며 강강술래 노래 부르며 달밤을 수놓기도 했었다. 그때는 아이들의 천국이었고 집집마다 한 집에서 아이들이 꾸역꾸역 나오기도 했었다.

많은 세월이 흘러간 지금 이제 다시 명절이 다가오니 핸드폰의 카카오 톡에서는 명절에 대한 문자들이 빨갛게 몰려들고 있다. 모두가 힘든 명절 차례음식 차리기의 고달픔과 시댁에 대한 불만과 원망, 그리고 아무런 도움도 주지 않는 밉상인 남편을 고발하는 글들이었는데, 그 글들을 읽는 주부들이 모두 통쾌해하고 재미있어하는 모습의 글들을 읽으며 생각하니, 크게 공감 할 수 없는 내가 공연히 이 시대의 이단자가 된 것 같은 기분이 들기도 했다.

얄팍한 상술은 한술 더 보태어 팔, 다리 부러졌을 때 하는 거짓 기브스까지 만들어놓고 젊은 주부들을 유혹하고 있고, TV에서는 그런 모습들을 보여주어 그것을 보는 주부들은 재미있다고 깔깔 웃고 있는데, 그 물건들을 보면서 놀랍기도 하고 그러한 시대의 흐름에 씁쓸한 생각이 드는 것은, 나 혼자만의 생각은 아닐 것 같다.

어른들의 고통을 밑거름으로 키워진 젊은이들!

동방예의지국 이라 불려 졌던 것이 먼 옛날같이 느껴지는 지금의 시점에서는 아무리 명절문화 등이 우리나라 고유 미풍양속에 속한다지만, 젊은이들의 호응을 얻지 못한다면 다시 한 번 생각해 볼 필요가 있지 않을까 하고 생각해 본다.

옛날에 비해 많이 간소화 되어있는 제례문화로 바뀌어 진 지금, 예전에는 조상님의 제사도 고 박정희 대통령 때부터 5대 봉사 하던 제사를 3대 봉사로 하고 까다롭고 어려운 장례문화의 굴건제복까지도 모두 없어져 비용면에서도 예식 면에서도 모두가 간편하게 바뀌어졌다. 우리 집도 3대 봉사로 지내고 있지만, 자손 없는 분이 계서서 여덟 번의 제사와 두 번의 명절 차례가 있어 모두 10번의 제사를 모시고 있다. 그런데 요즘 젊은 세대들이 모두 바쁘다보니 너무 힘들 것 같아, 내 생전에 정리를 해 주어야겠다고 생각하던 중 마침내 남편이 부모님을 제외한 여섯 분을 모두 절에다 모셔놓게 되었다.

다행이도 그 사찰은 스님들 대부분이 참선수행 하고 계시고, 신도들도 정진 수행 중이신 스님들의 가르침에 따라 열심히 참선공부를 하는 사찰이기 때문에 도량이 맑고 깨끗하며 수시로 기도가 생길 때마다 모든 조상님들 영가천도를 해드리기 때문에 집에서 제일에 맞춰 겨우 제사나 지내 드리는 것과는 비교가 되지 않으니, 우리 조상님을 비롯해서 그 곳에 계시는 모든 조상님들은 모두가 복 받으신 조상님들이라고 생각한다.

물론 내가 직접 모시지 못하는 죄송한 마음도 없는 것은 아니지만, 그래도 죄송한 마음만 내려놓는다면 돌아가신 분들을 위해서는 절에다 모시는 것이 훨씬 유익한 일이라고 믿는다. 이제 우리 집은 1년에 두 번 명절 차례만큼은 여덟 분을 모두 한 상에서 모시고 있기에 그것으로써 조상님에 대한 죄송함에 조금 위안을 삼기도 한다. 우리 집 제사 때는 모두 바쁜 동서들이지만 바로 아랫동서가 나물을 맡아 해오고 있으니 그것도 많은 도움이 되고 있다.

이번에 카톡을 빨갛게 물들였던 글들을 보면서 생각한 것은 우리나라가 그 까다롭고 어려웠던 굴건제복의 문화를 개선했듯이 젊은 사람들이 힘들어 한다면 우리 기성세대들이 젊은 사람들을 위해 제례문화도 좀 고쳐나갈 수는 없을까하고 생각해 보았다.

제사상에는 평소 고인이 가장 좋아하셨던 음식을 주 음식으로 올려놓고, 할 수만 있다면 각자 자손들이 한 가지씩 해가지고 모이는 것이다.

나물 한 가지 떡 한 가지 고기 한 가지 생선 하나 물김치 하나 그리고 밥과 국 하나, 이렇게 해서 형식을 타파하고 간결하게 모임의 의미를 갖는다면, 힘들 것 없으니 보다 화기애애한 제사상이 되지 않을까 생각해본다. 돌아가신 분이 불고기를 좋아하셨다면, 상 중앙에 큼직한 그릇에 불고기를 푸짐하게 올리고, 피자를 좋아 하셨다면 큼지막한 피자 한 판도 나쁘지 않으리라 생각해 본다.

그래서 우리 기성세대가 젊은 사람들에게 화목함을 물려 줄 수 있다면 얼마나 좋을까! 그것마저 힘들다고 하지는 않을 것 같다. 모두가 부담 없이 한 자리에 모이는 즐거움과 화목함이 어우러져서 대접받는 조상님도 행복해 하실 것 같다.

이제는 세월도 변하고 젊은 세대들은 더욱 바쁜 시대를 맞게 되니 현실에 맞게 바꾸어 보는 것도 괜찮지 않을까 생각해 본다.

가을 짝사랑

메마른 내 가슴에
설레임으로 다가와
한 조각 바람으로, 붉은 단풍으로
나를 들뜨게 한 그대

아름다움입니다
감동입니다
가슴 속 불타는 사랑입니다

그렇게 온 가을 가슴 헤집고
붉게 타다 말없이 떠나는 그대 붙잡을 수 없어
눈물어린 시선으로 보냅니다

그리움에
말없이 사위어 가는 내 모습
그대의 마지막 발자취마저도
못 견디는 그리움입니다
안타까운 짝사랑입니다

자원봉사(1)

자원봉사를 처음 시작하게 된 것은 친정어머니와 언니들이 다니시는 사찰에 옮겨 다니면서부터였다. 그곳 스님은 남들을 돕는 일에 밤과 낮을 가리지 않고, 물심양면으로 도우시다 보니 사회봉사 국무총리 상까지 받으신 모두의 존경을 받는 스님이셨다.

덕분에 나는 자원봉사를 시작하게 되었고 그 자원봉사를 시작하면서부터 나의 고질병인 외로움 병이 거짓말같이 순간적으로 날아가 버리고 말았다.

지금 생각해도 어이없는 것은 작은 아들을 등에 업고, 큰아들의 손을 잡고 서서 창밖 해지는 모습을 보면서 가슴에는 사무치는 외로움이 있었으니 무슨 청승도 그런 청승이 없었다.

그 꼴을 핀잔 않고 봐 주는 남편이 얼마나 고맙고 다행인지 모른다.

그래도 그 어줍지 않은 봉사로 인하여 나의 그 끈질긴 외로움 병이 한 순간에 없어져 버렸으니 내가 남에게 도움을 준 것이 아니라, 비교되지 않을 만큼의 더 많은 도움을 받은 것이다.

그리고 남을 돕거나 남을 위해 좋은 일을 한다는 것은, 중독성이 강해서 좋은 마약과도 같이 한번 그 곳에 빠지면 헤어 나올 수가 없게 된다.

요즘 많은 연예인들이 알게 모르게 열심히 남을 돕고 일하는 것을 보면 그럴 수 없는 자신이 한없이 부럽기도 하고 한탄스러워 지기도 한다.

처음 스님의 말씀에 따라 우리는 몇 팀으로 나뉘어 다닌 곳이 서울에서 멀리 떨어진 외곽 지대에 버스를 2번 3번 갈아 타며 달려 간곳은 장애인 요양소였고, 그 곳에 도착하면 우리는 피곤한 기색 없이 서로가 싱싱한 미소로 마주보며 웃곤 했다.

그 곳에서 우리는 다시 2명씩 조를 이루어 임무가 주어졌다.

나는 1층으로 안내 되었고 그 방에는 8살에서 16살까지의 남자 아이들이었는데, 스스로는 옷을 벗고 입는 것도 밥 먹는 것도 할 수 없는 중증아 들이였기에 모두 남의 도움을 받아야만 했다.

그 곳에서 우리는 옷 벗기고 입히고 목욕 시키고 나면, 간식 먹이고 벗은 옷들은 세탁기를 돌려놓으면 그것으로 우리의 일은 끝나곤 했다.

나는 그 아이들을 목욕 시키며 생각했다.

신의 섭리랄까 자연의 섭리랄까 신은 인간에게 모든 것을 다 주지도 않지만, 모든 것을 다 빼앗지도 않는다는 사실을 알았다. 그 애들에게는 몸이 외소하고 불편함을 감안해서 조물주로부터 최대한의 편리함과 특혜를 선물 받은 것 같다.

그렇게 조물주는 그들에게 최대한의 남성 본능의 편리함을 부여한 것 같다.

그렇게 일주일에 한번 씩 다니던 어느 날, 2층에서 봉사활동 하던 회원 한명이 흥분한 어조로 말하기를 3층에도 중증인 장애아들이 있는데 큰 대중탕에 가득히 아이들을 넣어 놓고는 단체 목욕을 시키는데 열악한 환경의 그 모습이 불쌍하다며 우리가 그곳에서 아이들을 맡아 씻기면 어떠냐는 것이었다.

지금 우리가 맡고 있는 곳은 애들의 부모로부터 얼마간의 돈을 받고 돌봐주고 있는 유료인 것을 알았다. 우리는 사무실 담당을 만나서 그 곳에서 일하고 싶다고 밝혔다.

처음에는 우물쭈물 핑계 대며 안 된다고 하더니, 몇 번 거듭된 요청을 했던 결과 그렇다면 안 오셔도 된다고 단호하게 거절하는 것이다.

이래저래 그곳을 그만 두게 되었지만 지금도 생각나는 것은 8살 먹은 영석이란 아이였다. 영석이는 제법 똘똘하고 잘 생겼지만 그들에게도 다툼이 있었다.

모두가 나이보다 외소해 보이지만, 8살 이지만 5~6세 로 보이는 영석이는 한번 싸움이 붙으니 그 분출되는 분노와 스트레스를 감당하기 힘들어 어찌 할 바를 몰라 했고 그럴 때면 껴안고 토닥거려서 화를 풀게 해 줄 수밖에 없었다.

지금쯤은 키도 많이 커졌겠지만 몸도 많이 좋아져서, 건강하고 행복한 생활을 하는 성인이었으면 좋겠다고 기도 해 본다.

자원봉사(2)

남편은 당신을 위해서는 손수건 한 장도 아끼면서 나를 위해서는 너무 지나쳐서 그것이 오히려 나를 불편하게 하곤 했다.

내 나이 50이 되었을 때 나에게 자동차를 사주겠다는 것이다. 월급 생활하는 남편이었지만 대학원 강의를 비롯해서 오랫동안 금융연수원 강의 등 이곳저곳 강의하는 곳이 많았다.

그 중에서도 전경련 강의는 가장 봉투가 두둑했다.

남편이 자동차 사 주겠다는 것을 거절하지 못한 것은 마침 가까운 친구 남편이 고혈압으로 직장에서 쓰러지는 일이 있어, 친구가 병원을 모시고 다니던 때였고, 우리 남편도 오래 전부터 혈압이 높기도 했고, 그때 누군가가 50이 지나면 운전하기 힘들다는 말을 들은 적이 있었기에 남편의 제안을 뿌리치지 못하고 받아드리기로 했다.

그러면 소형차를 하나 사달라고 했더니, 남편이 턱-하니 사 온 것을 보니 중형차였는데, 내 개인 소유로는 너무나 크게 느껴졌다. 차를 굴리고 다닐 때마다, 바퀴에서 텅텅 빈 깡통 소리가 요란히 들리는 것 같아 마음이 편하지가 않고 부끄러웠다.

그 때 스님은 차 있는 나에게 새로운 임무를 주셨는데, 맹인을 데리고 다니며 돌보는 일이었다. 아플 때는 병원으로 또는 책을 좋아하는 그 애를 데리고 장애인 맹인 도서관으로 마음이 답답해 할 때면 바람도 쏘여주러 나가고했다. 맹인이지만 똑똑하고 재주가 있어 악기도 제법만지는 아이였다.

언젠가 늦은 시각에 찾아 갔더니 깜깜한 방에 불도 켜지 않고 있어서 들어가 불을 켜고 보니, 깜깜한데 앉아서 오이를 깎고 있던 중이었는데, 얼마나 예쁘게 잘 깎았는지 감탄이 나올 정도였다.

안마 일을 하는 그녀들은 모두 맹인들이기에 어두운 곳에서도 익숙하게 일을 할 수 있는 것 같았다. 방 귀퉁이에는 항상 행주같이 깨끗이 빨려있는 걸레가 놓여 있곤 했다.

호기심이 많은 정은(가명)이는 결혼해서 애를 낳아 키우는 동료 얘기를 해 주었는데, 애기의 발목에 방울을 달아주어 기어 다니는 아이의 방향을 감지한다고도 했다.

때로는 4, 5명을 데리고 밖에 놀러나갈 때도 있었지만, 처음 나의 우려와는 다르게 한명의 팔만 잡아주면, 나머지는 앞으로 나란히의 모습으로 앞사람의 허리춤을 양손으로 잡고는 일사천리로 민첩하게 움직이기 때문에 전혀 부담을 느끼지 않게 해 주었다.

정은이를 데리고 주로 바람 쏘이러 가는 곳은 서초동 옛날 삼풍백화점 맞은쪽 주유소를 끼고 들어가면 오른쪽에 조그만 미도아파트가 있고 아파트 왼쪽 조그만 공터에 주차를 해놓고, 뒤쪽 조그만 오솔길로 능선을 따라 올라가면 서울 한복판에 어떻게 이런 곳이 있을까 믿기 어려울 정도로 어머니 품속같이 따뜻하고 아늑한 곳이 있다.

봄이면 개나리, 진달래, 철쭉 6월이면 서늘한 아카시아나무 아래서 진동하는 아카시아 꽃내음을 땅에는 떨어진 꽃잎들로 방석을 깔아 놓은 듯 푹신푹신하다. 모든 것에 궁금해 할 정은이 에게는 모두 만져보게 하고 코끝에 대고 향내를 맡게 했으며, 정은이의 손을 잡아 궁금해 할 내 얼굴까지도 만져보게 했다.

그 곳에서 능선을 따라 4~50M쯤 오르면 왼쪽 아래로 서초동 법원이 보이고 또 오른쪽으로 구불구불 내려가면 강남 고속버스터미널이 나온다고 했다.

우리가 처음 그곳 능선 위로 올랐을 때, 때 묻지 않은 남녀 아이 네다섯 명이 시골아이 같은 모습으로 싸리나무를 꺾어들고 뱀이 도망갔다고 숲을 뒤지며 다니고 있었다. 도심에서는 상상도 할 수 없는 일이었다. 우리는 그 곳이 너무 좋아 우리 둘만의 장소로 찜해놓고 시간 있을 때마다 찾아가곤 했는데, 그곳이 얼마나 좋았으면 그 능선아래 아파트로 이사해 살고 싶었었다.

어느 날 정은이가 말했다. 9살이었을 때 심한 열병으로 인해서 그때부터 앞을 못 보게 되었지만, 세월이 지나다보니 어렸을 적 보았던 조금 남아있는 기억들마저 모두 없어질 두려움에, 어찌할 바를 모르겠다며 슬퍼하고 있었다. 그때 손을 꼭 잡고 어깨를 감싸 토닥여주었다.

수렁에 빠진 사람이 나오겠다고 발버둥 치면 칠수록 더 깊이 빠지고 괴로워지는 법이니까, 조급해하지 말고 힘들겠지만 차라리 마음을 조용히 놓아두고 있으면 마음이 훨씬 편해질 것이라고 말해주었다.

그때 힘들어하는 정은이 에게 어떻게 도움이 되어주지 못하는 자신이 몹시 안타깝고 마음 아팠다. 다행히 그 다음부터는 속상해하고 초조한 모습을 보이지 않아 그나마 다행스럽게 느껴졌다.

지금은 서대문으로 이사 오면서 자연히 그만두게 되었지만 지금까지 스님이 살아 계셨다면 아마도 나에게 또 다른 임무를 주셨을 것이고 그러면 나는 또 다른 행복과 보람으로 생을 엮어갔을 것이다.

수명 100세 시대

요즘 나이 먹은 사람들은 99세까지 팔팔하게 살다가자고 구구 팔팔, 구구 팔팔하고 건배사를 외치는 사람들이 많다. 나는 그 말을 들을 때마다 조금쯤 거부감이 드는 것은 어쩔 수가 없다. 사람이 오래 산다고 반드시 좋을 것인가.

내가 젊은 나이라면 감히 이런 말을 할 수가 없겠지만, 이제 내 나이도 70세가 넘어섰으니 노인들 편에서 어른들 눈치 안 보고 말할 수 있을 것 같다.

물론 많은 힘든 세월을 살아왔고 젊은 사람들에게도 징검다리 역할을 해왔으니 이제 좀 편한 세월을 살고 싶은 것도 사실일 것이다. 하지만 마음만 젊지 몸은 나이를 속일 수 없을 것이니, 반드시 오래 산다고 좋은 것만은 아닐 것이다.

물론 학식과 덕망이 높으며 지혜가 많은 노인 한 분이 돌아가시면 큰 도서관 한 채가 불타 없어지는 것과 같은 큰 손실이라 했으니, 얼마나 큰 국가적인 손실이겠는가! 그런 분들은 120세까지도 건강하게 살아주셨으면 하는 것이 우리 모두의 바람이 되겠지만, 과연 그런 분들이 몇 분이나 될 것인가.

나 자신부터도 사회에 아무런 기여한바가 없으니 후손에게 아무런 이렇다 할 보탬이 되지 않고, 오히려 민폐와 손해만 끼치고 있고 아무런 도움도 되지 못한다는 것이 슬픈 현실이다.

앞으로 10년 후에는 노인 1000만 명 시대가 온다고 한다.

아무런 노동력 없는 우리가 젊은이들을 의지해서만 살아갈 수 있다면, 우리가 원하는 삶도 아닐뿐더러 젊은 사람들은 또 얼마나 버거우며 암울한 내일의 삶일 것인가, 더욱이 요즈음엔 결혼 적령기도 없이 만혼에 싱글을 즐기는 사람도 만만치가 않은 것 같다. 늦은 결혼에 아기는 없거나 1명이나 2명에 그치는 형편이니 앞으로는 군대인원도 턱없이 부족하다고 우려의 목소리가 높은 것이다.

그러니 어느 누구인들 걱정을 안 할 수가 있겠는가. 우리 노인들은 사는 날까지 건강하게 사는 것은 좋지만, 구구 팔팔을 외칠 일은 아니라고 생각한다.

우리가 이루어 놓은 조국의 번영과 발전을 우리 후손들에게 물려줌에 있어서 후손들에게 걸림돌이 되지 않고 보다 발전된 내일을 활짝 열어 주었으면 얼마나 좋을까 하고 생각해 본다. 이렇게 말하다 보니 아직 연세 드신 우리 친정 언니들과 오빠가 계신 것이 생각나 죄송한 마음이 든다. 덤으로 사는 언니 오빠들이 아닌데 말이다.

옛날 우리 조상님들은 우리나라의 소리 중 아름다운 3가지 소리를 꼽았다고 한다.

첫째는 책 읽는 소리요.

둘째는 아기 울음소리요.

셋째는 다듬이 소리라고 했다고 한다.

지금은 다듬이 소리없어진지는 오래되었고, 글 읽는 서당이 보기 힘드니 글 읽는 소리도 듣기 힘들지만, 아기 울음소리만큼은 우리나라 곳곳에 우렁차게 울려 퍼진다면, 얼마나 희망찬 우리나라의 미래가 보이겠는가.

그리고 아기들의 맑은 웃음소리가 금수강산 방방곡곡 개울물소리 흘러나오듯 끊임없이 흘러나왔으면 좋겠다.

지난 가을 수채화물감을 뿌려 놓은 것 같은 그 아름다운 가을을 보며 아름다운 낙엽이 바람 따라 꽃잎처럼 허공을 떠돌고 거리 구석구석을 아름다움으로 가득 채우고 있는 그 모습이 마음에 와 닿았다. 인간의 마지막 가는 모습도 저처럼 아름다웠으면 얼마나 좋을까 생각했다.

나는 넋 나간 듯 그 흩날리는 낙엽들을 보며, 정녕 내 생애의 마지막 모습도 저처럼 아름답게 갈수 있다면 얼마나 좋을까하고 되지도 않을 허황된 생각을 하며 헛헛한 눈과 마음으로 나를 달래며 쓸쓸히 미소 짓고 있었다.

선조님들의 뜨거운 숨결

"라-뮤즈"라는 음악모임에서 연례행사로 해마다 5월이면 "향토 문화유산" 답사라는 지방여행을 다녀오고 있다. 금년 5월에는 충남내포 지방을 1박 2일 일정으로 숨 가쁘게 다녀왔다.

금년에는 27명이 여유롭게 버스를 대절하여 예정했던 시간보다 3분 빠른 아침 6시 57분에 압구정역을 출발하였다. 몇몇 사람들은 충청도에 뭐 볼 것이 있느냐며 불참한 사람들이 있었지만, 나는 역사적인 기대치보다는 집을 떠나 바람 쏘이며 꽃구경 간다는 설렘이 컸던 관계로 무조건 따라 나섰다.

그렇게 가벼운 마음으로 떠났던 것이 이렇게도 큰 감동을 안고 돌아올 줄은 꿈에도 몰랐다.

1박 2일이었지만 소화하기엔 벅찬 일정이었다.

내포지방은 원래 의인들이 많이 태어나셨다고 한다.

천안에 있는 유관순 생가도 미처 못 갔지만 온양에 있는 고불 맹사성 생가, 로마교황님이 우리나라에 오셨을 때 방문하고 가셨다는 세계적으로 알려져 있는 공세리 성당을 견학하고 아산을 출발하여 예산 수덕사, 추사 김정희생가, 매헌 윤봉길 생가 등을 들러보았다.

추사 김정희는 1백 개의 벼루를 바닥냈고 1천개의 붓이 다 닳아져 몽당붓으로 만들었다 하니 부끄러워지고 숙연해진다.

더욱 나의 가슴을 뜨겁게 한 것은 매헌 윤봉길 생가를 방문하여 선생님의 설명을 들을 때이다. 매헌 윤봉길 의사는 24세 때에 김구 선생님을 찾아가 "선생님 저는 언제라도 죽을 자리가 있으면 가겠습니다" 했다는 것이다. 60세의 김구 선생님은 그 젊은이의 뜨거운 제안을 받아들여, 그 해에 아무도 모르게 도시락 모양의 폭탄을 만들었고, 윤봉길 의사는 그 폭탄을 가슴에 지니고 일왕의 생일행사인 상해의 홍구공원에 가서 폭탄을 던져 상해 파견군 대장 등을 즉사시키고 감옥에 갇혔으며, 그해 24세의 나이로 형장의 이슬로 사라졌던 것이다. 선생님의 설명을 듣는 내내 가슴이 뜨거웠고 마음이 아려왔다.

이렇게 가슴 뜨거운 이야기를 젊은 사람들에게 들려 줘야지, 이렇게 나같이 나이 먹어 검불같이 살다 갈 사람이 듣는다는 것이 너무도 아깝고 안타까웠다. 요즘 젊은이들이 머리에 지식은 많이 들었겠지만 우리의 민족혼은 메마르고 허약한 정신으로 해서 가능한 군대 가는 것조차도 피하고 싶어 하는 일이 많지 않는가. 젊은 피와 열정을 불태울 곳에 태우지 못하고 자칫 엉뚱한 곳에 소진하여 혈기를 낭비하고 패싸움과 같은 일도 종종 있으니, 얼마나 아쉽고 안타까운 일인가! 군에 입대하지 않으려고 외국 국적을 받는 일들도 심심치 않으니 이것이 어찌 젊은이들만의 잘못 이겠는가! 자식들을 올바르게 키우지 못한 기성세대들이 먼저 반성해야 할 일인 것 같다.

홍성에 도착하니 혁혁한 공을 세운 청산리 전투의 영웅 백야 김좌진 장군의 생가와 초라한 만해 한용운 생가가 있었다. 그 초라한 생가 앞에서 선생님은 가슴이 먹먹하여 잠시 말씀을 하지 못하셨다.

김좌진 장군의 청산리대첩은 1920년 10월 21일에서 24일까지 전개된 전투에서 일본군 전사자 1,200여명, 부상자 2,100여명이었고 독립군 전사자는 130여명, 부상자는 220여명이었다고 한다.

1922년 북만주에서 대한 독립군단 군사 부위원장 겸 총사령관을 맡아 활동했지만 1930년 1월 24일 공산주의자 박상실에 의해 목숨을 잃었으니 애통하기 이를 데 없다. 1962년 건국훈장 대한민국장이 추서되었으니 우리 모두 이분의 민족혼을 이어 받았으면 하는 간절한 마음이다.

홍성을 출발하여 태안 만리포 해수욕장에서 1박하고 다시 안면도로 이동하여 귀화한 미국인 민병갈 님이 이루어놓은 수목원을 둘러보았다.

1962년 부지매입을 시작으로 1970년 수목원을 조성하기 시작해서 2009년 4월 개방한 수목원에는 170,154평에 희귀식물 및 멸종위기의 식물 등이 다양하다. 특히 목련을 좋아 하셨다는 그분은 외국에서까지 구입한 목련이 400그루에 이르렀고, 2013년 9월 현재 14,000품종에 이르고 있다고 한다.

독신으로 평생을 한국에 몸 바쳐온 그분께서 세상에서도 가장 아름다운 천리포 수목원을 이 땅에 만들어놓고 가셨으니 국민의 한사람으로써 심심한 감사를 드리지 않을 수 없다.

안구기증

예전 한때, 맹인을 돌보아주던 때였다. 그 아이의 보지 못하는 눈이 안쓰러워 내가 후일 이 세상을 떠날 때면, 나의 눈을 주고 가겠다고 말해주었다. 그 아이의 말이 자기는 시신경이 없기 때문에 가능하지 않다는 것이다.

그리고 세월이 흘렀다. 강남에서 강북으로 이사를 했고, 또 오랫동안 아픈 몸이었기 때문에 오늘까지 돌고 돌아서 이제야 왔던 것이다.

백혈병이 있는 사람은 눈을 제외한 장기기증은 할 수 없다는 말을 한다. 설사 가능하다 하더라도, 그리고 아무리 시신이라 해도 용기가 없어 남에게 맨몸을 들어낸다는 것은 못 할 것 같았다. 다행히 나이에 비하면 눈은 아직 쓸 만하고 젊은 편이다. 난시가 있어서 안경을 쓰면 더 좋지만, 안경을 쓰지 않고도 그런대로 책을 볼 수는 있는 수준이니까 다행이다.

안 그렇다면 무엇으로 남을 도울 수 있을 것인지.

돈이 많아 돈으로 남에게 도움을 줄 것인가, 아니면 건강한 젊음이 있어 몸으로 남을 도울 수 있을 것인가. 그 나마 눈이라도 줄 수 있다는 것이 얼마나 다행인지 모른다.

이제 이 눈은 나만의 눈이 아니다.

잠시 맡아 보관하고 있는 남의 눈이기 때문에 미래의 그 분을 위해서 열심히 눈을 보호하고 가꾸어서 예쁘고 깨끗한 눈을 주도록 노력할 것이다.

마음에 조용한 행복과 설렘이 온다.

자제 할 수 없는 이 행복한 마음, 세포를 타고 조용한 파동이 물결처럼 퍼져온다.

감사하고 또 감사한 마음.

비로소 떳떳한 사회의 일원이 된 기분이다.

TV를 보면서

사람들은 TV를 가리켜 바보상자라고 말들을 하지만 나는 그 바보상자를 보면서, 때때로 웃음을 터뜨리기도 하고 많은 것을 배우며 모르고 있던 지식을 얻기도 한다.

가정주부들이 어디에서 그 많은 정보와 지식들을 얻을 수 있을 것인가.

그리고 또 몇 개의 연속극을 단골메뉴로 보기도하지만, 한번은 그 연속극을 보다가 충격적으로 깜짝 놀란 일이 있었다.

자신보다 신분이나 지체가 낮은 힘없는 사람을 향하여 이 물건, 저 물건 하는 것을 볼 때였다. 어떻게 사람을 보고 물건이라고 부를 수가 있을까.

그렇다면 물건이라고 지칭 받은 사람은 사람으로서의 존재가치가 없다는 말인가, 아연해진다. 인간의 자존감을 깡그리 무너뜨리고 무시한 처사를 보면서, 물론 이것이 실제로 존재하는 것이 아니고 글을 쓴 작가 개인의 자신만의 독특한 화법을 구사하여 쓴 것이라고 생각되기에 간곡하게 작가님들에게 부탁하고 싶어진다.

작가 분들은 한 가지 글을 쓰기위해 얼마나 피나는 각고의 노력을 하겠는가. 그 분들은 내가 할 수 없는 일들을 하는 분들이기에 정말 대단해 보이고 항상 존경하는 마음이 들기도 하지만, 그러나 작가 분들은 이 시대의 언어문화를 창출해 내는 분들이 아니었던가!

그러기에 꽃과 같이 아름다운 것을 보며 나쁜 마음을 가질 수 없듯이 아름다운 말은 자연적으로 아름다운 마음을 동반하게 된다고 생각한다. 그중에서 가장 충격적이었던 말이 사람을 가리켜 이 물건 저 물건 하는 것을 들었을 때였다.

아! 저런 말도 있었구나!

아마도 작가 분은 흔히 쓰지 않는 새로운 단어를 캐어냈을 때 어쩌면 몸에 전율이 일어날 만큼의 쾌재를 불렀을지도 모른다. 요즘은 그 물건이라는 단어도 심심치 않게 등장하는데 그 자존감을 파괴하는 단어를 들을 때마다 마음이 곤혹스럽다. 그리고 작가 분들은 좀 더 아름다운이야기로 우리들 마음을 순화시켜 줄 수는 없을까 하고 생각해본다.

인간 세상에 좀 더 가졌다 해서 좀 더 배웠다 해서 못 가지고 못 배운 사람들을 그리도 자존감을 깡그리 묵살해도 되는 것인지. 남보다 많은 것을 가지고 많이 배웠다는 것은 보다 많은 사람들에게 베풀고 살라는 하늘의 명시는 아닐까?

어찌하여 나의 가진 것을 그리도 엄청나게 과시하는가!

남보다 더 가졌다는 것을 잘못 쓰여 질 때 그러한 축복은 잠시이고 그것이 오히려 화근이 되어 죄를 짓게 되는 요인이 되는 것은 아닌가 생각되기도 한다.

가진 것을 씨앗으로 해서 농부가 씨앗을 뿌려 많은 것을 수확 하듯이 가진 것을 밑받침으로 해서 더 많은 복을 키워 낼 수도 있으면 얼마나 좋을까 하는 아쉬운 생각이 든다.

그리고 많은 작가님들이여!

아름다운 글로써 악으로 치닫는 험난한 세상에 아름다운 사랑으로 우리 모두를 순화시켜 보다 깨끗하고 아름다운 세상을 만들어 주신다면 더욱 감사 하고 존경하며, 그리하여 앞으로의 무궁한 발전을 기대하며 행복을 빌겠습니다.

마지막 때때옷

사람들은 공수래공수거라고 한다.

세상에 나올 때 빈손으로 왔다가 갈 때도 빈손으로 간다고 말 하지만, 어느 가수의 노래 가사처럼 갈 때는 빈손이 아닌 옷 한 벌 걸치고 간다는 말이 맞는 것 같으니 공수거는 아닌 것 같다.

그것은 자손들이 가신 분들에 대한 애통함과 서운함을 대신하여 마지막으로 입혀 드리는 효도의 선물이라고 해야 될 것 같다. 하지만 그 마지막 효도도 없는 자식들에게는 제법 버거운 것일 만큼, 그 삼베옷은 가격이 만만치가 않다.

장례절차의 예법도 간소화 됐다 하지만 까다롭고 복잡하다 보니 비용도 만만치 않아서 예전부터 하는 말이, 돌아가시는 분들은 3년 쓸 것을 가져가신다는 말도 있지 않은가.

평소에 생각하곤 했다.

화장하기 전까지 잠시 잠깐 입을 옷인데, 그렇게 비싼 삼베옷으로 휘감을 필요가 있겠는가 하고, 마침 나에게는 한때 유행했던 개량생활한복이 있었다. 카키색과 연노란색을 배합한 아무런 금속장식이 들어있지 않은 순면으로 만들어진 옷이기 때문에 수의 대신 입을 옷으로는 안성맞춤이다.

가끔 입었던 그 익숙하고 정든 옷으로 나의 마지막 입을 때 때옷으로 할 것이라고 마음속으로 정해놓고 나니, 마음이 한결

가볍고 홀가분해진다.

오랫동안 내려온 풍습도 좋지만 지금이 어느 시대인가, 요즘은 개성시대이기 때문에 사고방식의 전환도 괜찮다고 생각한다. 그렇기에 모든 것을 현실에 맞추어 변화해 보는 것도 좋은 것은 아닐까. 자식들 입장에서는 제안하기 힘든 일이기에 나 스스로가 정해 놓고 싶다.

하지만 내가 남편보다 나중에 간다면 남편에게만은 전통방식 대로 하고 싶다. 나만의 개성으로 순면으로 되어있는 나의 마지막 때때옷을 단정하게 입고 기쁜 마음으로 관에 들어가고 싶다. 내가 들어갈 관도 공연한 소모같이 느껴지지만, 아직은 별다른 좋은 방법이 생각나지 않으니 자식들이 해주는 대로 얌전히 따라야 할 것 같다.

여학생의 죽음

어제도 또 한명의 여중생이 자살을 했다.

부모님에게도 말 못하고 가까운 친구에 조차도 말 못하고 죽음의 길을 선택한 그 여학생의 죽음이 너무도 가슴이 아프다.

여학생의 부모는 얼마나 억장이 무너졌을까! 내가 이글을 쓰려고 했을 때 너무도 가슴이 아파서 얼마동안 쓸 수가 없었다.

왕따 시킨다는 것! 왜 이런 일이 일어나곤 하는 것일까.

순수하고 맑은 영혼을 가진 소녀들 푸른 꿈으로 채워야 할 그 가슴에 슬픔과 고뇌를 가득 채우고 죽음의 길을 선택해야 했던 아픈 현실.

누구의 책임인가!

엇나간 군중심리가 한 소중한 생명을 빼앗고, 많은 사람에게 평생 씻을 수 없는 상처를 안겨준 것이다.

과연 해결책은 없는 것일까?

예전 내가 어렸을 때만 해도 선생님의 존재는 하늘같아서 선생님은 먹지도 않고 화장실도 안가는 신비한 존재로 알았으며, 또한 존귀하였기에 감히 스승님의 그림자조차도 밟지 않는다고 하지 않았던가.

인터넷이 발달하여 모두가 공개되어있는 문화라 하지만, 그래도 그 나이 또래의 학생들은 모두 맑고 순수한 영혼을 가진 우리들의 미래임에 틀림없다.

부모는 아이들의 학교생활을 모를 수 있어도 아이를 가르치는 선생님이라면 미리미리 알아서 대처해야 하지 않았을까.

물론 선생님인들 가슴이 얼마나 아팠을 것이며 책임을 통감했을 것이다.

요즘 부모들도 개중에는 선생님에 대하여 불신하거나 자식 앞에서 선생님을 비하하는 말을 하거나 하지 말아야 할 말을 하는 부모도 있다고 생각한다. 그것은 결국 자신의 자식을 그릇되게 망치는 일임을 명심해야 한다. 존경받을 수 있는 선생님만이 잘못 된 길을 가는 학생들을 올바르게 선도할 수 있을 것이라 생각한다.

선생님을 믿고 따르는 어린학생들 그런 문제가 발생하지 않도록 부모와 선생님이 2인 1조가 되어서 선생님은 학생들을 미리미리 껴안고 학생들의 어버이가 되고 선생님이 되어 따뜻한 마음으로 다독여주고 보살펴 준다면 그런 불행은 줄어들 것 같다. 학생들의 단체생활에서 선생님만이 할 수 있는 영역의 일이라 생각한다.

왕따 시키는 문화는 우리 사회에서 영원히 없어져야 할 나쁜 폐습이다.

그렇게 청소년기를 올바르게 성장한다면 군대 나가서도 남을 괴롭히고, 왕따 시키는 것 같은 불행한 일은 일어나지 않으리라 생각된다.

뉴스를 보다보면 때로 선생님께 감히 학생으로서 있을 수 없는 일을 자행하는 학생들을 접하기도 한다. 선생님으로써 얼마나 자괴감과 모멸을 느낄 것인가. 그것을 보는 모든 사람들이 개탄을 금치 못한다.

어떤 부모의 밑에서 자란 자식들일까!

웃어른을 공경할 줄 모르는 자식이 그 부모에겐들 올바로 할 수 있겠는가.

이 나라의 소명의식을 갖고 교육자가 되신 모든 분들에게 감히 말씀드리고 싶습니다. 우리나라의 밝은 미래는 모두 당신들 손에서 태어날 것임을 믿습니다. 아이들의 하늘이 되고 꿈이 되어 이 나라의 희망이 되어 주시기를 간곡히 부탁드립니다.

자화상

고요한 삼라만상 속,
이미 갖추어진
부족함 없는 모습임을
어찌하여 모르는가

채우지 못한 욕심에
미련에 미련을 더하는가

끝없는 인간의 욕심
나의 어리석음이여,
있는 것에 만족 못하고
또 다른 무엇을 찾고 있는가

그래도
그 어리석음 내려놓지 못해
오늘도 무릎 꿇어
기도를 올립니다

서평

일상을 통한 삶의 지혜와 사랑법

— 김성희 수필집 〈은빛 여인의 향기〉 —

시인 · 평론가 정찬우

1. 순수와 서정의 미학

인간은 세상을 살아가면서 삶에 대한 보람과 감격 그리고 실망과 회환을 느낄 때가 많을 것이다. 그러나 그 느낌을 말로 가슴으로 표현하는 사람도 있을 것이며 속으로만 표출하는 사람도 있을 것이다.

나는 내 인생에서 수많은 감동과 감격 그리고 실망과 좌절도 맛보았으며 충격적인 보람으로 삶의 의미를 새롭게 느끼고 받아드리며 살아가고 있다.

세상은 참으로 빠른 속도로 달려가고 있다. 내가 서대문 노인종합복지관에서 어르신들께 문학수업을 강의해 온 것이 벌써 12년이란 세월이 흘렀다. 그간 무려 300여명이 넘는 어르신 수강생들이 거쳐 갔다. 그중 30여명의 어르신들이 문단에

등단하여 현재 수필가와 시인으로 활동하고 계신다. 또한 자신의 작품들을 모아 수필집과 시집을 출판하거나 자신의 회고록을 써서 자서전을 출판하는 어르신도 10여명이 된다. 이러한 보람 속에 오늘 또 한분의 기쁜 소식을 들었다.

바로 김성희 여사이다. 이 분은 서대문노인종합복지관에서 나에게 문학수업을 2년 남짓 받았다. 평소에 워낙 말이 없고 조용한 성격에 전형적이고 고전적인 한국의 여인상이다. 또한 지극히 가정적이며 다정다감하고 사랑이 넘치는 분이다. 그런가하면 낙천적인 성격으로 적극적이며 융화도 잘하는 분이다. 수업시간이면 가끔씩 작품을 써 와서 나를 깜짝 깜짝 놀라게 해 주기도 하셨다.

그런 김성희 여사가 그 동안 써 두었던 수필과 시 등을 모아 작품집을 발행하고 싶다는 것이다. 이 말씀에 어찌 기쁘지 아니하겠는가. 김성희 여사는 어린 시절에는 가끔 문학소녀를 꿈꾸기도 했다고 한다. 그러나 학교를 졸업하고, 결혼 후 한 가정의 주부로서 시부모님을 모시고 대가족 속에서 자신의 자식들을 키우느라 잠시도 곁눈 짓을 할 여유가 없었다.

그렇게 살아온 수십 년의 적지 않은 세월 동안 가정생활에만 몰두해 오다가 우연한 기회에 문학공부를 해 보고 싶다는 친구를 따라 내 강의에 오셨다고 한다. 가끔씩 수필과 소설책들을 접하였으나 글을 써 본 경험이 거의 없었다고 한다.

내 강의를 듣고 결혼 후 처음 써 본 글이라며 수필을 몇 편을 들고 오셨다. 당연히 어설프고 조금은 부족한 글이었지만 내 강의를 듣는 동안 글 쓰는 요령과 문장력은 날이 갈수록 세련되어지고 언어구사 능력도 기하급수적으로 상승곡선을 긋고 성장하기 시작하였다. 어쩜 문학에 대한 능력을 타고 났다고까지 할 수 있다 하겠다.

기성문인들도 몇 주간 또는 몇 개월 동안 글을 안 쓰면 문장력이 떨어지기 마련이다. 그런데 하물며 오랜 세월 동안 글을 안 써본 칠순도 넘은 초보자가 불과 1~2년 만에 이런 글을 쓸 수 있다는 것이 믿겨지지 않는 것도 사실이며, 이 또한 짧은 시간에 이처럼 장족의 발전을 거듭한 것도 사실이다.

시를 몇 편 써온 것이 어설프고 부족한 것이 사실이지만 고쳐준 완벽함 보다는 부족한 자신의 시를 여과 없이 실어주셨으면 좋겠다는 뜻에 따라 그대로 싣기로 했다. 너무도 기쁘고 대견하기 그지없으며, 그 보람과 뿌듯한 마음은 감격적이라 아니할 수 없다.

2. 생(生)의 진리와 사랑법

모든 예술은 아름다움을 표방하는 것이다. 또한 새로운 세계를 창조해 가는 과정이다. 예술의 꽃이라 할 수 있는 문학은 더더욱 그렇다. 문학에서도 각 장르마다 가지고 있는 특성이 있다. 시(詩)가 가지고 있는 특성과 수필과 소설이 가지고 있는 특성은 완연히 다르다.

그러기에 글을 쓴다는 것이 쉬운 것 같으면서도 어려운 것이다. 학문은 6하 원칙에 의한 논리와 이론이 성립되어야 하는 것이지만 문학을 포함한 모든 예술은 논리와 이론이 아니라 인성에 의한 감성의 영역이다. 그러기에 작가와 독자의 감성이 일치할 수 있다는 것은 한계가 있는 것이다.

그러므로 예술이 갖는 어려움과 독특한 특성이 존재하는 것이며 새롭고 독특함만을 창조해 내는 창의성이 필요한 것이다. 이러한 문학이 갖는 어려운 특성 중에서도 수필이 갖는 의미와 형식 그리고 표현의 한계점에서는 또 다른 매력을 갖는 것이다.

수필은 문학의 전통적인 형식이나 고정관념에 억매이지 않고 자유롭고 편안하게 자기만의 고유의 세계를 피력할 수 있다는 점에서 자유분방하면서도 특이한 문학이다. 따라서 수필의 생명력은 주제와 소재의 선택에 있다 해도 과언이 아니다.

우리들의 일상생활에서 자유롭게 찾을 수 있는 소재들을 가지고 자기만의 어휘력과 표현력으로 자신의 독특한 영역을 구사한다는 것은 그리 쉬운 일이 아니다.

그럼에도 불구하고 김성희 여사의 수필의 주제와 소재는 지극히 일상적이고 평이한 것들이다. 그러나 소재의 구성과 내용을 엮어가는 어휘력과 창의력은 나름대로 자기만의 특이한 영역을 형성해 가고 있다는 것이다.

그럼 아래의 작품들을 들여다보기로 하자.

아이들이 결혼하고 신혼생활 내내 오누이처럼 다정한 모습으로 오빠라고 부르고, 혹은 이름을 부르며 그렇게 행복한 모습을 보이더니 이젠 세월이 흘러 어느덧 자연스럽게 여보, 당신이라고 부르는 것을 보게 된다.

많은 어른들은 망측스럽게 오빠가 무어냐고 말하기도 하지만, 그것은 단순한 호칭일 뿐 실제로 혈육을 나눈 사이도 아닌, 다만 신혼 한때의 호칭일 뿐이기 때문에 신혼시절의 그 달콤한 기분을 눈 감아 주고 싶다.

학교 선배들한테 부르던 호칭의 연장선이라고 생각한다면 더욱 이해하지 못할 것도 없을 것 같기 때문이다.

아이들한테 억지로 호칭을 강요하지 않았던 것이, 시부모와 감정 상할 것도 없을뿐더러 일생의 한 번 뿐인 신혼의 달콤한 꿈을 오래도록 유지할 수 있다면 얼마나 행복하고 아름다운 일인가.

며느리가 시집와서 자식 낳고 잘 살고 있으니 대견하기도 하고 예쁘기도 하지만, 그 중에서도 가장 예쁘게 느껴질 때가 남편에게 높임말의 존칭을 쓸 때이다.

아마도 우리 부부의 서로에 대한 경어 사용도 자식들에게 좋은 본보기가 되었으리라 생각된다.

때로 요즘 젊은 부부들이 하는 서로의 호칭을 들을 때면, 너무 당황해질 때가 있다. 그것은 부부간의 신뢰감이나 존경이 없는 너무나 막말에 가까운 말들을 하는 것을 볼 때면, 그 자신들은 친근함의 표시라고 말할지는 모르지만, 앞으로 자식들이 태어나 그 막말하는 부모에 대한 존경이나 존엄성이 무너진 그 모습들을 보고 자란다면, 자식들이 혹 커가는 과정에서 올바른 길을 가지 못하고 자칫 옆길로 빠지려고 할 때, 그 자식을 바르게 잡아 주어야 할 부모의 충고가 자식에게 그리 큰 성과가 있을 것 같지 않다는 것이 나 혼자만의 생각이었으면 좋겠다.

— 호칭과 존칭 이야기

요즈음 젊은 세대들의 언어와 행동들은 어른들의 세계에서는 선 듯 이해하기 힘든 부분들이 많다. 하물며 시부모의 입장에서 보는 며느리의 언어와 행동은 더 예민하고 민감하게 받아드려진다. 그러함에도 불구하고 작가는 자식을 사랑하는 마음이 굉장히 너그럽고 이해심이 많으며 가슴이 넓어 보인다. 내 자식이 귀엽고 사랑스러우면 남의 자식도 귀엽고 사랑스러운 것이다. 하물며 자기의 아들을 사랑하는 며느리를 귀엽고 예쁘며 사랑스럽지 않는 시부모가 어디 있겠느냐마는 작가는 먼저 자신을 버리고 며느리를 배려하는 가슴이 넓은 시어머니이다.

현대를 살아가는 젊은이들의 언어 습관은 참으로 다양하며 자유분방하다. 따라서 어른들의 시각에서는 전혀 이해되지 않을 뿐더러 버릇없이 보이기 그지없다. 그러나 그들의 세계에서는 그것이 당연시되어 잘잘못의 구분마저 저버리고 산다는 것이다.

작가는 칠순을 넘긴 세대이다. 그러함에도 불구하고 젊은 세대들을 이해하고 너그럽게 받아드린다는 것이 그리 쉬운 일은 아닐 것이다. 허나 그는 자신이 평생 동안 지켜온 언어의 습관에서 자연스럽게 자식들이 이어 받아줄 것이라는 확신에 차있는 모습이다.

부부간의 언어, 부모와 자식의 언어, 친구들과의 언어, 사회생활에서의 상사와 부하와의 언어에서 존경과 경의가 우러나오는 것처럼 존칭어를 쓰는 언어의 습관은 곧 자신의 행동과도 직결되는 생활의 습관이기도 하다. 그만큼 언어와 행동은 직결되는 것이며 자신의 품위와 집안의 가풍을 유추해 보는 길이기도 한 것이다.

언어란 반드시 존칭어를 써야만 존경의 대상이 되고 인품을 가늠 할 수 있는 것은 물론 아니다. 반어와 하대어를 써도 언어 속에 담겨있는 정과 사랑 그리고 배품과 배려의 신뢰감이 있다면 굳이 꾸짖을 이유는 없다. 그러나 존칭어란 일단 상대방을 존경한다는 의미가 더 깊게 느껴지기 때문에 좋다는 것이다.

6식구인 우리 집에 빨래가 많아 빨래는 내가 세탁기로 하려고 마음먹고 청소 일만 맡기려고 일할 사람을 구하니 선뜻 오려하지 않는다.

그래서 생각해낸 것이 내가 청소하면 될 것 아닌가, 일하지 않으려면 먹지도 말아야지, 그렇게 마음먹고 나니 마음이 가벼웠다. 어떻게 아무 생각 없이 거의 멍청한 내가 그렇게 신통한 생각을 할 수 있었는지 스스로 생각해도 기특하다.

빨래는 세탁기가 해 주고 물론 오래전 이미 다림질까지 해서 나오는 세탁기가 있다는 말은 들어왔지만, 디지털시대에 나는 아날로그가 좀 더 정스럽고 좋다. 내 머리 자체가 아날로그 인데 뭘 더 원하겠는가.

어찌 사람이 욕심을 다 채우며 살겠는가, 조금 부족한 듯 사는 것이 좋은 것이라 생각하면서 살아왔기에 그것도 얼마나 감사한 일인지 모른다. 식구들이 욕실에서 나올 때 마다 빨래가 한 움큼씩이니 빨래를 해 널면 빨래건조대 두 개가 가득 찰 때가 많다.

예전의 나는 다림질도 그리 즐겨 하진 않았던 것 같은데 지금의 나는 그 마저도 즐겁고 행복하다. 물 뿌려 다림질할 때면 내일 이 옷들을 예쁘게 입고 나가겠지, 하는 생각이 들어 절로 입가에 뿌듯하고 행복한 미소가 번진다.

그렇게 예쁘게 다림질 한 옷들을 일부러 현관에 들어오면 보이는 곳에 나란히 걸어 놓는다. 며느리가 들어오면서 볼 수 있게 하기 위함이다.

얼마 전 "나는 남편바보"라는 잡 글을 끄적여 본적이 있었는데, 지금은 며느리 바보까지 된 것 같다.

요즘 변해가는 내 모습이 너무 재미있다. 예전에는 집안일에 그다지 보람 있어 하거나 의미를 두지 않았건만, 요즈음 나를 보면 아무래도 가사 일에 중독되어 가는 것 같다는 생각까지 하게 된다.

집에 있는 날이면 신들린 듯 일을 한다. 가스레인지와 그 위의 후항까지 모두 분해해서 깨끗이 닦고 필터 갈아 끼우고 나면 그 반짝반짝한 모습이 너무 신비하고 아름답다.

다음날엔 앞 베란다를 공략한다.

화분이며 화분받침 접시의 흙먼지들을 깨끗이 닦고, 물청소로 말끔히 정리해 주고 나니 그것이 내 행복인 것을 나는 비로소 무수리의 행복을 제대로 느끼고 있는 것 같다.

— 무수리의 행복

이 작품은 어쩜 여인의 행복이 어디에 있으며 행복의 의미가 무엇인가를 정확히 제시하고 있다는 것이다. 지극히 동양적인 사고와 지고지순한 유교적인 사고라고 폄하하는 사람들도 있겠으나 인생이란 이처럼 작은 것에서부터 행복이 싹트는 것이다. 나 자신의 조그마한 희생이 가족은 물론 사회와 국가와 인류에 커다란 보람과 행복을 전해 줄 수 있다는 교시적 의미를 잘 부여하고 있다.

아마도 세상의 모든 남성들은 이러한 마음을 가진 아릿다운 여인을 사랑하지 않을 사람이 있겠는가. 참으로 기특하고 자랑스럽다. 평소에 내가 보고 느껴온 김성희 여사는 자세 그대로임을 새삼 느껴본다. 그래서일까 세상의 모든 여인들 중에 동서양을 막론한 대부분의 남성들은 우리 한국 여인들을 유난히 좋아한다고 한다.

여인들이여! 더도 말고 덜도 말고 김성희 여사만 같아라 하고 부르짖고 싶다. 언어며 행동이며 몸짓 하나 하나 마다 넘치고 배어 나오는 기품을 우리들의 후세들은 본 받았으면 하는 마음이다.

얼굴에서 금방이라도 이슬이 또르륵 굴러 떨어질 것 같은 해맑고 발그레한 얼굴과 촉촉한 입술. 아니, 발그레하지 않고 촉촉하지 않아도 세상에서 가장 청순하고 예쁜 때 묻지 않은 너무도 예쁜 모습들이다. 풋풋하고 영롱한 아름다움을 가지고 있는 소녀들. 종달새처럼 재잘거리는 말소리와 까르르 까르르 웃는 해맑은 웃음소리가 어찌 예쁘지 않을 수가 있을까.

그 나이 때는 나뭇잎 굴러가는 소리만 들어도 웃는다고 하지 않던가. 어른들이 아무리 좋은 때라고 말을 해주어도, 그 때는 사춘기의 고뇌와 함께 공부에 대한 억눌린 감정에서 헤어날 수가 없으니, 청춘의 꿈은 푸르지만 좋은 때라는 것을 받아들일 겨를이 없을 것이다. 아쉽게도 그 나이를 지나고 나서야, 그 때가 가장 아름다웠던 보석이었음을 알게 되는 것은 참으로 안타까운 일이다.

— 소녀의 얼굴

열일곱 소녀처럼 청순한 마음에서 우러나오는 맑고 깨끗한 언어 구사 능력이 참으로 아름답다. 어찌 칠순을 넘긴 노인의 언어라 할 수 있을까 의심스럽다.

작가는 그만큼 순수하고 여린 마음으로 소녀처럼 살아왔다는 것이다. 그것을 증명이라도 하듯 작가의 얼굴빛은 마치 십대의 소녀처럼 하얗고 뽀송뽀송하며 밝고 맑은 달덩이처럼 아름답다. 삶이 그러하기에 생각과 언어와 행동이 일치할 수밖에 없을 것임을 우리는 알아야 할 것이다.

청춘, 그 이름만 들어도 떨리는 언어. 인생은 누구나 그 젊고 아름다운 시절이 있었을 것이고 잊지 못할 추억들이 주저리주저리 영글어 맺혀있을 것이다. 그래서 작가처럼 인생은 늙고 예술은 영원토록 살아 있다는 말이 나온 것이 아닐까. 부디 순수와 아름다움을 잃지 말고 지금 그 모습으로 영원하길 빌어본다.

마음이 허하고 외로울 때는 안아달라고 할 것이 아니라, 내가 외로운 깊이만큼 남편을 깊게 껴안아 보는 것도 외로움의 한 치유법이 될 것 같다.

부부는 수십 년을 동거 동락해온 어찌 보면 남이 아닌 나 자신일 수도 있다.

내가 가슴이 시릴 때면 남편도 시릴 것이고 내가 마음이 아플 때면 남편도 같이 아플 것이다. 서로의 메마른 가슴을 적시고 피돌기를 해가면서 서로의 가슴을 채워간다면 혼자만의 외로움은 없을 것이다.

부부는 오랜 세월 같이 살아온 사랑 중에서도 깊은 묵은 지의 사랑이다. 외로울 때면 남편을 기다리지 말고, 내가 먼저 남편에게 다가가 표현하는 것도 한 방법이라고 생각된다.

내가 받고 싶은 만큼의 사랑을 남편에게 쏟아 붓는 것이다.

집안에서 가끔 남편과 서로 비껴 갈 때면, 남편을 힘껏 끌어안는다. 때로 내 돌발 행동에 비명을 지르면서도 싫지 않은 듯 웃어준다.

그렇게 하고 나면 서로의 마음이 충만감으로 가득 채워진다.

오늘도 출근하는 남편에게 엘리베이터의 쪽 유리문에 남편이 안 보일 때까지 손 키스를 날리며 서서 외롭지 않은 서로를 보게 된다.

— 묵은지 사랑법

우리는 일상을 살아가면서 서로가 같은 생각을 하고 살아갈 것이다. 그러나 그 생각들이 묵은지 처럼 감칠맛 나고 은은한 향기에 취한 것인지도, 하물며 이러한 은유적 언어로 표현 할 줄 모르고 지내왔다.

부부간의 사랑, 부모와 자녀간의 사랑, 친구들간의 사랑, 이 모든 사랑은 나로 부터 생성되는 것이다. 그리고 표현과 행동으로 옮겨지는 것이며 느껴지는 것이 곧 사랑이고 그 표현법이다. 그래서 사랑은 받는 것이 아니라 주는 것이다. 내가 먼저 주므로 인하여 자신이 먼저 행복해 지고, 나의 행복이 곧 상대에게 행복을 느끼게 할 수 있는 것이다.

우리 인생은 자신의 존재 가치와 생각의 가치, 그리고 배려와 나눔의 가치를 알고 몸소 실행했을 때 가장 행복한 것이다. 작가는 이미 세월의 연륜만큼 사랑의 철학자가 되어 있고 사상가가 되어 있음을 느끼게 한다.

'당신보다 내가 먼저 갈 것이라고!'

아무리 효자 자식이라 하더라도 악처보다도 못 하다는 말들을 한다. 남편보다 먼저 가는 여자는 악처라고 말한다지만, 그래도 혼자서는 살 자신이 없기 때문에 차라리 악처이고 싶었다. 남편 먼저 보내고 혼자 산다는 것은 생각조차 할 수가 없기 때문이다. 내가 떠날 때는 남편의 무릎을 베고 떠나고 싶다고, 젊었을 때는 낯간지럽게 말해왔지만, 지금은 남편의 손이라도 잡고 가고 싶다는 것이 나의 조그만 마지막 소원이기도 하다.

그러나 나이 먹은 우리에게 결코 먼 후일의 일이 아닐 수 있다는 슬픈 현실! 그렇다!

내가 먼저 갈 것이라고 평생을 악처만을 꿈꿔왔던 자신이었지만, 이젠 마음을 바꾸어야 할 것 같다. 만약 내가 남편보다 더 오래 살게 된다면 평생을 남편에게 받기만 하며 살아왔던 것을 이제는 남편에게 갚으며 살아야겠다고 생각해 본다.

나의 부모님보다도 오히려 더 큰 사랑을 나에게 주었던 고마운 사람, 오로지 나를 위해 살아왔던 남편이었기에 평생을 받아왔던 사랑을 앞으로는 남편을 위해 아낌없이 되갚으며 살 것이라고 생각해 본다.

그런 일은 생각하기도 싫고 있어서도 안 되는 일이지만, 만일 남편이 정말 아픈 일이라도 있게 된다면, 나는 남편의 곁에 붙어 서서 남편의 손과 발이 될 것이고 남편의 입과 혀가 될 것이며 떠날 때는 나의 무릎을 베고 떠나게 하고 싶다고 마음속으로 생각해본다.

— 악처의 마음을 접으며

부부란 존재가 바로 이런 것이다. 젊어서는 사랑이라는 이름으로 또는 정이라는 이름으로 살아간다고 한다. 그러나 때에 따라서는 서로의 기(氣) 싸움으로 상대방에게 지지 않으려는 생각도 있고 자신의 주장만을 내세워 불편함을 이어가는 시간도 있기 마련이다. 뿐만 아니라 상대로부터 받기만을 원하고 먼저 주려는 생각은 안하고 살아간다. 이런 이기와 자만과 불만들이 결국 좋은 부부관계를 불편하게 만들어 가기도 하는 것이다.

평소에 남편의 지극 정성스런 사랑만을 받고 살아오다 보니 매사에 자신이 없을 수밖에 없었을 것이다. 그 욕심이 더 지나쳐 자신은 조금도 희생하고 싶지 않고 고생 또한 하고 싶지 않아 남편보다 먼저 떠나고 싶다는 욕심. 욕심이라기보다는 악처의 기질이 너무 강하다.

그러나 후반으로 가면서 남편의 젊은 시절 같지 않는 건강상태를 알아차리고 아내의 본연의 길을 찾아갈 수 있었다는 필자의 회환이 너무 인간적이고 사랑스러운 부부의 단면을 보여 주고 있다는 점에서 박수를 보내고 싶다.

부부는 인생 마지막 순간까지 하나여야하고 하나 일 수밖에 없는 존재들이 되어야 하는 것이다.

그러기 위해서는 서로의 희생과 배려 그리고 봉사의 정신이 있지 않으면 안 되는 것이다. 김성희 여사의 지고지순한 사랑에 깊은 감동을 느낄 수 있다. 또한 우리사회의 모든 가정이 작가의 마음처럼 행복을 탄생시킬 수 있다면 이 사회는 얼마나 살기 좋은 사회가 될까 유추해 본다.

> 오래도록 차지하고 있었던 멍자국이 차츰 옅어질 무렵의 어느 날이었을 것이다. 거실 소파에 앉아 무심히 창문 밖을 내다보다 문득 생각했다. 아~ 내가 나쁘고 자격 없음이구나! 남의 부모를 내 부모처럼 모시고 사는 사람도 있을 텐데, 내 부모하나 제대로 못 모신다는 것은 내가 나쁘고 자격 없음이다. 그렇게 나에게 잘못을 돌린 순간 내속에 들끓고 있던 억울하고 분했던 마음이 거짓말같이 사라지는 것이었다.
>
> 이제까지의 분했던 마음은 간곳이 없고, 마음이 더없이 맑고 평온해지며 크게 깨달을 수 있었다. 아버님을 원망할 때는 내속에 지옥불로 이글거리던 것이 잘못을 나 자신에게 돌리는 순간 미움도 원망도 한순간에 말끔히 사라지고, 그 자리에 고요한 평화가 자리 잡고 있었다. 아버님도 그동안 많이 불편 하셨나보다.
>
> — 시부모 모시고 사는 후배들에게

우리 사회의 단면을 잘 지적하고 있다.

과거엔 한 집에서 3대가 어울려 살았다. 그 시절에 시부모님을 모시고 사는 며느리들의 고통과 한숨은 마를 날이 없었다.

그러나 요즈음 젊은이들은 시부모는커녕 자신의 부부끼리만 살면서도 어려운 일은 서로가 미루며 밥도 나가서 사 먹는다고 한다. 경제적이고 시간의 낭비를 줄일 수 있다는 그럴듯한 이유가 많다. 그러나 인간은 위아래 세대가 한 집에서 어울려 삶으로서 조상에 대한 공경심과 경애심이 일어나는 것이다. 뿐만 아니라 형제간이 많아 서로가 어울릴수록 협동과 협력 그리고 서로에 대한 배려와 이해심이 넓어지는 것이다.

그러한 교육이 곧 인성교육이다. 요즘 우리 젊은 세대들은 오직 자신만이 존재하는 세상을 살다보니 남을 배려하고 이해하려는 생각 자체를 안 하고 산다. 그러니 스스로가 이기주의적일 수밖에 없고 인내와 아량이 없어 외골수 인생을 살아갈 수밖에 없다.

김성희 여사의 뒤늦은 후회만큼 마음 한 번 바꿔 먹으면 모두가 행복한 것이다. 누구보다도 우선 자신이 더 행복함을 느낀 것이다. 젊은이들이여 우리가 이 책을 통하여 배울 것이 한두 가지 아니지만 특히 이 작품이 의미하는 것을 되새겨 볼 수 있는 해안을 갖길 바란다.

3. 생각과 행동이 일치한 삶의 철학

김성희 여사는 인생을 달관하는 삶을 사시는 분이다. 인생의 참 진리가 무엇이며 생각과 뜻의 일치로 행동하는 삶을 살아오신 분이시다. 그러기에 순수와 열정과 따뜻함으로 만인에게 사랑을 주고 베풀며 전도하는 삶을 살아오셨다. 그러기에 세월을 비켜가는 인생을 살 수 있었고 소녀처럼 해맑은 얼굴빛을 지니고 있다 하겠다.

자신의 생애에 글을 쓴다는 것이 그리 흔치 않는 일이라 아직은 잘 다듬어지지 않는 부분과 세련미가 다소 떨어진다 할 수 있다 하겠다. 하지만 일상의 생활에서 얻어지는 주제와 소재의 다양성은 높이 평가할 수 있다. 더불어 언어의 구사 능력과 언어의 전개 능력 또한 날이 갈수록 성장해가고 있음을 볼 때 참으로 자랑스럽다.

누가 이글들을 경륜이 낮은 글이라 감히 말 할 수 있겠는가.

부디 건강한 모습으로 더욱 더 많은 집필의 의지를 살려 아름답고 삶의 지혜와 교시적인 글들을 많이 남기시길 기원해 본다.

은빛 여인의 향기

김성희 수필집

지 은 이 | 김성희
펴 낸 이 | 정찬우
펴 낸 곳 | 도서출판 밀레
주　　소 | 서울 서초구 효령로 53길 18, 210호
(서초동 석탑오피스텔)
TEL : (02)588-4671~2
FAX : (02)588-4673

등　　록 | 2004년 12월 15일 제2-4078호
발 행 일 | 2016년 10월 15일

값 12,000원
ISBN 978-89-97815-13-5